Regina Neufeld, Nelli Löwen, Julia Neudorf
Unendlich geliebt

Über die Autorinnen

Regina Neufeld hat am Bibelseminar Bonn studiert und die christliche Mädchenarbeit *lily white* gegründet. Gemeinsam mit einem Team junger Frauen gibt sie Mädchen Orientierung beim Erwachsenwerden und im Glauben. Und sie engagiert sich dafür, in Gemeinden eine Mädchenarbeit aufzubauen. Sie ist verheiratet und hat drei Kinder.

Julia Neudorf gehört zum *lily white*-Team. Sie hat am Bibelseminar Bonn ein Studium absolviert und arbeitet als Mediengestalterin beim Bibellesebund. Julia Neudorf ist verheiratet.

Nelli Löwen schreibt leidenschaftlich gerne. Sie arbeitet als Volontärin bei ERF Medien in Wetzlar. Und sie gehört ebenso wie Regina Neufeld und Julia Neudorf zum Team von *lily white*.

www.lily-white.de

Regina Neufeld · Nelli Löwen · Julia Neudorf

Unendlich geliebt

52 Andachten
für Mädchen
mit Liebesbriefen von Jesus

GerthMedien

Inhalt

Vorwort

Ich (Regina) saß an einem herrlichen Sommertag auf der Hollywood-schaukel meiner Schwiegereltern und las ein Buch. Ich genoss die Ruhe, das Schaukeln und vor allem das Kapitel, in dem die Autorin über Gottes Liebe zu uns Menschen schrieb. Sie erzählte von einem Erlebnis, das ihr diese Liebe ganz deutlich vor Augen führte. So ein Erlebnis wollte ich auch. Ich betete, dass Gott mir auch eine unvergessliche Erinnerung an seine Liebe schenkt. In diesem Moment bemerkte ich einen weißen Schmetterling, der direkt vor mir herumflatterte. Gott weiß, dass ich Schmetterlinge liebe! Unverhofft setzte sich dieses wunderschöne, zarte Wesen direkt auf meinen Bauch! Es schlug noch einige Male mit den Flügeln und flog dann wieder davon.

Ich werde diesen Moment nie vergessen. Das war ein unübersehbares »Ich liebe dich!« von meinem Schöpfer.

Gott schickt auch dir unablässig »Ich liebe dich«-Botschaften! Du bist seine Tochter, die er täglich mit seiner unendlichen Liebe überschütten möchte. Du kannst seine Küsse und Liebesbotschaften überall in deinem Leben finden, wenn du lernst, sie zu erkennen.

Wir beten, dass dir dieses Buch hilft, Gottes Botschaften an dich besser zu verstehen. Es ist manchmal nicht leicht, sein »Ich liebe dich« zu hören, wenn es in unserem Leben gerade drunter und drüber geht. Oft sind die Stimmen um uns herum so laut, dass wir nicht hören, was Gott über Dinge wie Schönheit, Liebe und Freundschaft sagt. Aber wenn wir still werden, können wir erfahren, dass er wirklich mit uns reden will. Er liebt dich. Und weil er dich liebt, möchte er nicht, dass Angst, Wut oder Selbstmitleid dein Leben bestimmen. Er wünscht sich vielmehr für dich, dass du in der Beziehung zu ihm erkennst, wie du dein Leben so gestalten kannst, dass seine Liebe dich und andere berührt.

Dafür haben wir dieses Buch verfasst. Es soll dir helfen, in deiner Beziehung zu Gott zu wachsen und ihn in jeden Bereich deines

Lebens hineinzulassen – in deine Gedanken, Gefühle, deine Beziehungen und in das, was du tust.

Zu Beginn jeder Andacht steht ein kleiner Liebesbrief von Gott an dich. Lies ihn ruhig mehrmals, wenn es dir schwerfällt zu glauben, was darin steht. Danach folgt ein Bibelvers, der dich in das Thema des Impulses hineinführt, und am Schluss kommt unter der Überschrift »Mitten ins Leben« ein Gedankenanstoß, der dir Anregungen bietet, wie du das Gelesene praktisch umsetzen kannst. Und last but not least folgen zwei Bibelverse, die dich dazu einladen wollen, in der Bibel mehr zum Thema nachzulesen. Schlag am besten deine eigene Bibel dazu auf und lies die angegebenen Stellen im Zusammenhang.

Nimm dir Zeit, auf Gott zu hören. Die 52 Andachten lassen sich super auf die 52 Wochen des Jahres aufteilen. Dann kannst du dich intensiver mit einem Thema beschäftigen – darüber nachdenken, in deiner Bibel forschen und dich schließlich von Gott verändern lassen, sodass du immer mehr aufblühst und der Mensch wirst, den Gott sich gedacht hatte, als er dich schuf. Du bist ihm unendlich viel wert und er liebt dich voll und ganz!

Viel Freude beim Lesen und Gott-Begegnen!

Regina Neufeld, Nelli Löwen und Julia Neudorf

Du bist unendlich wertvoll

NELLI LÖWEN

Meine liebe Tochter,

weißt du eigentlich, dass du unbezahlbar bist? Ich weiß noch, mit
wie viel Liebe ich dich geschaffen habe. Ich habe in dich viele gute
Dinge hineingelegt, die du teilweise noch gar nicht siehst. Ja – du
kannst viel mehr, als du dir momentan zutraust. Ich wünsche mir,
dass du deinen Wert erkennst und dann immer mehr aufblühst. Es
tut mir so weh, wenn ich sehe, dass du dich oft selbst nicht magst
und unzufrieden mit dir bist. Magst du mitkommen auf eine Reise,
auf der du deinen persönlichen Wert immer mehr erkennst?

Ich danke dir dafür, dass ich so wunderbar erschaffen bin.
PSALM 139,14; NGÜ

9

Wie oft habe ich es schon gehört: »Du bist so wertvoll.« »Jesus hat dich wunderbar geschaffen.« Es sind schöne Sätze, trotzdem sind sie oft an mir abgeprallt. Ich empfand mich häufig gar nicht als wertvoll oder schön. Schon als Kind war ich nicht gerade dünn, das hat sich auch in meiner Teeniezeit nicht geändert. Dabei wollte ich unbedingt schlank sein. Dieser Wunsch war ständig in meinen Gedanken. Ich kann dir gar nicht sagen, wie viele Diäten ich gemacht habe. Ständig ging mir der Satz durch den Kopf: *Wenn ich endlich mein Traumgewicht habe, dann bin ich wertvoller.* Ich hatte das Gefühl, ich müsse dünn sein, damit ich von Menschen geliebt und anerkannt werde. Sehr oft fühlte ich mich einfach nur schwach, weil dieses Problem mich überforderte. Oft habe ich geweint, weil ich so traurig darüber war, es nicht auf die Reihe zu kriegen. Es war ein langer Weg, doch Jesus hat mir da rausgeholfen und hilft mir immer noch dabei. Er kann dir auch helfen, deinen tatsächlichen Wert neu zu erkennen.

Vielleicht hast du kein Problem mit deinem Gewicht, sondern eher ein Problem damit, dass du so schüchtern bist. Vielleicht hast du ein Problem damit, dass du zu dünn bist. Wie auch immer: Dein Wert hängt nicht davon ab, wie viele Verehrer du hast oder wie groß dein Freundeskreis ist. Dein Wert hängt nicht davon ab, wie erfolgreich du in der Schule bist oder wie viel Geld du hast. Dein Wert hängt auch nicht davon ab, wie sehr du dich in deiner Gemeinde engagierst. Du kannst dich nicht ab- oder aufwerten, weil dein Wert bereits festgelegt ist. Jesus selbst hat dir einen Wert gegeben. Er hat dich geschaffen und er ist für dich gestorben. Wenn das nicht zwei gewichtige Gründe dafür sind, dass du unbezahlbar bist!

Warum glauben wir es oft nicht, dass wir wirklich wertvoll sind? Ich vermute, es hängt viel damit zusammen, dass wir täglich mit Lügen konfrontiert werden. So viele Models in der Werbung vermitteln uns, dass ein Mädchen dünn sein muss, um wirklich attraktiv zu sein. Dadurch fühlen wir uns unter Druck gesetzt. Wir haben das Gefühl, wir müssen uns an dieser Schablone orientieren. Weil aber nur wenige Frauen diese »idealen« Model-Maße haben, versuchen viele Frauen und Mädchen krampfhaft, durch Diäten und Sport abzunehmen. Viele schaffen das nicht und sind unglücklich und frustriert, können ihr Leben kaum genießen. Das Ziel, endlich ihr Wunschgewicht zu erreichen, begleitet sie täglich, doch vielleicht werden sie es niemals erreichen.

Jesus ist sehr traurig, wenn er sieht, was der Schlankheitswahn bei vielen Mädchen und Frauen anrichtet. Er hat sich das alles doch ganz anders vorgestellt! Er wünscht sich Mädchen, die Freude ausstrahlen und die sich frei fühlen, sich selbst so annehmen können, wie sie sind. Er wünscht sich Mädchen, die glücklich sind – aber nicht deshalb, weil sie gerade die Größe 32 erreicht haben, sondern weil sie wissen, dass Jesus sie liebt. Wenn wir uns von ihm geliebt fühlen und uns tief im Herzen klar wird, wie wertvoll wir in Gottes Augen sind, dann wird uns das von innen heraus frei machen. Wenn wir verstehen, was es bedeutet, Gottes Tochter zu sein, dann werden wir Freude und Schönheit ausstrahlen.

Hier kommen einige praktische Tipps, die dir vielleicht helfen können, dein Selbstwertgefühl zu stärken:

- Wenn du negative Gedanken über dich hast, fang an, dagegen anzukämpfen. Wenn dich die Gedanken über dein Aussehen und über dein Wesen runterziehen wollen, mach dir bewusst, dass diese Gedanken nicht von Gott kommen. Er denkt so viel Gutes über dich. Lass dich von seinen Gedanken über dich verändern!
- Weißt du eigentlich, wie viel Potenzial in dir steckt? Fang an, dich persönlich besser kennenzulernen, und entdecke, was Gott in dich hineingelegt hat. Vielleicht hast du Talente, von denen du noch nichts weißt? Um herauszufinden, was in dir steckt, könnten dir Persönlichkeitstests helfen oder auch Gespräche mit Menschen, denen du vertraust. Indem sie dir aufrichtig sagen, wie sie dich wahrnehmen, lernst du dich vielleicht von einer ganz neuen Seite kennen.
- Fange an, Gott für deine Talente und Stärken zu danken. Dankbarkeit wird deinen Blick auf dich selbst nach und nach verändern.

Fang einfach an, du selbst zu sein. Verbiege dich nicht, um dem angeblichen Schönheitsideal ähnlich zu werden, sondern entdecke das, was in dir steckt, und lebe für Jesus. Je mehr du dich damit beschäftigst, wie wertvoll du als Tochter Gottes bist, umso größer wird dein Selbstwertgefühl werden. Denn Jesus sagt dir: Du bist unbezahlbar!

MITTEN INS LEBEN

Magst du dich, wie du bist? Mache heute doch mal einen kleinen Spaziergang. Genieße die Schönheit der Schöpfung, die Blumen und die Vögel. Genauso schön hat Gott auch dich gemacht. Freue dich darüber und sage heute Gott ganz bewusst Danke dafür.

~

Du bist wunderbar schön, meine Freundin,
und kein Makel ist an dir.
HOHELIED 4,7; LU

Der Herr, dein starker Gott, der Retter, ist bei dir.
Begeistert freut er sich an dir.
Vor Liebe ist er sprachlos ergriffen und jauchzt doch
mit lauten Jubelrufen über dich.
ZEFANJA 3,17; NL

Eine Lilie unter Dornen

REGINA NEUFELD

Mein liebes Kind,

ich freue mich unbeschreiblich darüber, dass du dir Zeit für mich nimmst. So kannst du mich besser kennenlernen, und du erfährst, wer ich bin, was ich über dich denke und was ich mir für dich wünsche. Ich möchte dir ein Leben voller Freude und Glück schenken. Öffne dich für meine Liebe, meine Freiheit und meine Geborgenheit. Ich wünsche dir, dass du schon auf der Erde ein Stück vom Himmel schmeckst. Erlaube mir, etwas von mir in dich hineinzulegen. Leuchte für mich, strahle für mich, blühe für mich, denn ich habe meine Kraft in dich hineingelegt.
Ich verspreche dir nicht, dass dein Leben dadurch von Problemen und Schmerzen verschont bleiben wird. Doch wenn du bereit bist, alles für mich zu geben, wirst du in den Menschen um dich herum eine Sehnsucht nach mir wecken – und gemeinsam werden wir die Welt verändern!

Ja, wie eine Lilie unter Dornen, so ist meine Freundin
unter den anderen Mädchen.

HOHELIED 2,2; NL

Hast du Lust auf eine kleine Gedankenreise? Dann schließ mal deine Augen und stelle dir dieses Bild vor: Du gehst durch einen dunklen Wald, doch die Bäume tragen keine Blätter mehr. Du siehst hoch, die kahlen Äste gewähren dir einen freien Blick auf den grauen Himmel. Unten sind weit und breit nichts als kahle Büsche und Dorngestrüpp zu sehen. Es ist dunkel, grau und kalt. Du spürst einen kalten Schauer über deinen Rücken laufen und die Haare auf deiner Haut stellen sich auf. Angst und Hoffnungslosigkeit machen sich in dir breit.

Doch plötzlich erkennst du einen hellen Schimmer in einer dunklen Ecke. Du gehst darauf zu und das Leuchten wird immer heller. Das ist doch nicht möglich! Eine Lilie mitten im Dorngestrüpp? Es wächst nicht einmal mehr ein einziges Blatt an einem Baum, aber eine Zierpflanze zwischen den Dornen? Das passt doch überhaupt nicht zusammen!

Während dein Kopf noch voller Fragen ist, spürst du, wie die Hoffnungslosigkeit langsam aus deinem Herzen weicht und einem unbekannten Frieden Platz macht.

Wir leben in einer Welt voller Dunkelheit und Hoffnungslosigkeit. Doch es gibt Hoffnung! Es gibt ein Licht inmitten dieser Finsternis, das uns zeigt, dass es noch mehr gibt – wahre Schönheit, Geborgenheit und echten Frieden.

Charles H. Spurgeon, ein bekannter englischer Prediger, der im 19. Jahrhundert gelebt hat, hat sich mit dem obigen Vers intensiv beschäftigt und entdeckt: Die Lilie unter Dornen – dieses Bild kann man auf Jesus beziehen: Jesus ist die Lilie. Die Freundin dagegen ist *wie* die Lilie, die die Schönheit und Leuchtkraft von Jesus reflektiert. Spurgeon schreibt:»Es gibt keine Schönheit in irgendeinem von uns, bis auf die, die der Herr in uns bewirkt hat.«[*] Das heißt also: Von Natur aus sind wir genauso grau und kahl wie Dornengestrüpp im Winter. Doch Jesus legt etwas von seinem Wesen in uns hinein. Er verleiht

---

[*] Zitiert in Leslie Ludy, The lost art of true beauty: The set-apart girl's guide to feminine grace, Eugene, Oregon: Harvest House Publishers 2010, S. 22.

unserem Leben Sinn und Hoffnung. Wir dürfen sein wie diese Lilie unter Dornen: wie ein Licht in der Finsternis.

Doch ich muss zugeben, dass mir das Bild von der Lilie zwischen den vielen spitzen Dornen auch etwas Angst macht. Ich bin eigentlich ein schüchterner, ruhiger Mensch, der sich im Hintergrund wesentlich wohler fühlt als im Rampenlicht. Die Vorstellung, so herauszustechen, von Dornen umzingelt zu sein, treibt mir Schweißperlen auf die Stirn. Als Lilie falle ich doch jedem direkt auf – weil ich so anders bin als alle um mich herum. Wahrscheinlich werde ich ausgelacht … Es tut weh, wenn mich die Dornen piksen. Manchmal wünsche ich mir, eine von ihnen zu sein, nur um in Ruhe gelassen zu werden. So wäre das Leben doch viel einfacher! Ja, manchmal wäre es vielleicht einfacher, kein Christ zu sein …

Wenn du Jesu Geschenk an dich, die Errettung, angenommen hast, dann unterscheidest du dich von anderen schon allein dadurch, dass du einen neuen Namen bekommen hast. Du heißt nun »Kind Gottes«, weil du zu ihm gehörst. Du bist die Tochter des Königs aller Könige. Aber es ist oft eine Herausforderung, erkennbar als Christ zu leben. Da geht es mir genauso wie dir! Weil es schwierig sein kann, als Christ zu leben, erinnert uns die Bibel an vielen Stellen immer wieder daran, dass wir Gott durch unser Leben widerspiegeln sollen. Warum? Damit andere erkennen können, wer er ist. Gott selbst ermutigt uns, zu unserem Glauben zu stehen und uns nicht an fragwürdige Meinungen und Verhaltensweisen anderer anzupassen, nur um »dazuzugehören«.

Als Jesus von Stadt zu Stadt gezogen ist, fiel er überall auf, wo er hinkam. Er war keiner von denen, die sich angepasst haben. Das, was er sagte, berührte die Menschen, weil sie noch nie eine so hoffnungsvolle Botschaft gehört hatten. Das, was er tat, war Ausdruck grenzenloser Liebe. Er lehrte Mitgefühl und Erbarmen in einer Welt, in der sehr viele nur an sich selbst denken. Er sprach davon, wie man anderen Gutes tut. Er schenkte den Menschen Freiheit, während andere versuchten, die Leute an Gesetze und Regeln zu binden. Er war gnädig und schenkte Vergebung, wo andere mit Steinen werfen wollten. (Lies mal die Geschichte von Jesus und der Ehebrecherin in Johannes 7,53–8,11!) Jesus war ganz anders!

Jesus ist die Lilie. Er ragt über alle Dornen hinweg. Es hat ihn Schweiß und Blut gekostet, sich von den Dornen zu befreien, damit seine Blüte aufgehen konnte, um dir und mir zu zeigen, dass es möglich ist, ein Leben zu führen, das anders ist.

Wenn du ein Leben wie eine Lilie führen möchtest, lädt Jesus dich dazu ein, eine Knospe an seinem Stamm zu sein. Er wird dir die Nahrung geben, die du brauchst. Er wird dir zeigen, was das Leben einer Lilienblüte ausmacht – und nach und nach wirst du aufblühen, um gemeinsam mit ihm zwischen den Dornen hervorzustechen.

MITTEN INS LEBEN

Wenn Gott dir heute diese Frage stellen würde: »Bist du bereit, mir alles zu geben, mir überallhin zu folgen und für mich wie eine Lilie unter Dornen zu blühen?« – was würdest du ihm antworten? Meine Idee: Wenn du Ja sagen kannst, vertraue Gott in einem kleinen Brief dein Leben an. Hänge ihn in einem Bilderrahmen in dein Zimmer oder lege ihn in deine Bibel, um dich jeden Tag neu an dein Versprechen zu erinnern.

～

Ihr seid das Licht der Welt – wie eine Stadt auf einem Berg, die in der Nacht hell erstrahlt, damit alle es sehen können.

MATTHÄUS 5,14; NL

Von uns allen wurde der Schleier weggenommen, sodass wir die Herrlichkeit des Herrn wie in einem Spiegel sehen können. Und der Geist des Herrn wirkt in uns, sodass wir ihm immer ähnlicher werden und immer stärker seine Herrlichkeit widerspiegeln.

2. KORINTHER 3,18; NL

Gott ist mehr

REGINA NEUFELD

Meine liebe Tochter,

ich kannte dich schon, als noch niemand an dich gedacht hat.
Du kennst mich im Vergleich dazu erst seit einer kurzen Weile.
Ich wünsche mir, dass du erkennst, dass es unendlich viele Dinge
an mir gibt, die du noch nicht weißt.
Ich bin ein starker Fels, der durch nichts erschüttert wird, deine
Burg und sichere Zuflucht. Bei mir findest du ein Zuhause. Ich
beschütze dich, helfe dir und bin dir immer nah. Ich bin dein
Retter in jeder Situation. Ich bin der perfekte Vater, der dich
bedingungslos liebt, dem du nichts beweisen brauchst. Manchmal
muss ich dich auch zurechtweisen. Denn ich bin ein mächtiger
und heiliger Gott, der das Licht liebt und nichts mit der Finsternis
zu tun haben will. Ich hasse Sünde und bestrafe jeden, der in ihr
lebt. Ich bin gerecht, aber auch gnädig, deshalb vergebe ich dir
jede Schuld, die du bekennst und bereust. Ja, ich habe mit meinem
Blut für alle Schuld bezahlt. Das habe ich getan, weil ich dich
unendlich liebe.

Allmächtiger Herr, du hast gerade erst begonnen mir, deinem
Diener, deine Größe und Macht zu zeigen. Gibt es einen Gott
im Himmel oder auf der Erde, der solche Taten und Wunder
vollbringen kann wie du?

5. MOSE 3,24; NL

Wer ist Gott für dich? Jeder Mensch hat ein anderes Gottesbild, das durch Erziehung und Erfahrungen geprägt ist. Oft hat man einen Schwerpunkt in seiner Vorstellung von Gott. Manche sehen Gott als strengen Richter, andere als Herzensprinzen und wieder andere als besten Freund. Alles ist richtig. Wir würden uns aber vieles nehmen, wenn wir Gott auf ein Bild reduzieren, nur einen bestimmten Aspekt von ihm in den Mittelpunkt rücken. Sein Wesen ist für uns nicht begreifbar. Hier soll es um zwei Aspekte seines Wesens gehen, die manchmal nicht so einfach zu vereinbaren sind:

Bester Freund

Jesus sagt in Johannes 15,13:»Die größte Liebe beweist der, der sein Leben für die Freunde hingibt« (NL). Und genau das hat er für dich und für mich getan. Er gab sein Leben für uns hin. Er tat auch andere Dinge, die ein guter Freund tun sollte. Einer seiner Jünger, Petrus, kann einiges davon erzählen. Jesus war ehrlich zu ihm, als dieser sich danebenbenahm (siehe Matthäus 16,21–23), er machte Petrus' vorschnelles Handeln wieder gut (siehe Lukas 22,50–51; Johannes 18,10–11). Jesus vergab ihm, als Petrus ihn ganze drei Mal verleugnet hatte (Lukas 22,54–62), und er glaubte fest daran, dass eine Menge an Fähigkeiten und Begabungen in Petrus steckt (siehe Matthäus 16,18).

Jesus ist auch mein und dein bester Freund! Das ist eine tolle Wahrheit. Wir können sie gemeinsam laut hinausrufen und jubeln. Er ist ein Freund, der dich niemals enttäuscht und immer an deiner Seite ist. Er hat immer ein offenes Ohr für dich und steht dir mit Rat und Tat zur Seite.

Aber wenn Jesus nur ein Freund wäre, stünde er mit uns auf einer Stufe. Er wurde zwar ein Mensch, aber er ist und bleibt Gott. Jesus ist unser bester Freund, mit dem wir Spaß haben und das Leben genießen können. Aber er ist noch mehr.

Herr und König

Jesus sagt weiter:»Ihr seid meine Freunde, wenn ihr tut, was ich euch auftrage« (Johannes 15,14; NL). Was er hier sagt, stimmt nicht mit unserer Vorstellung von Freundschaft überein. Aber Jesus ist eben mehr als unser bester Freund. Er ist auch unser Herr, der Gehorsam von uns fordert. Wenn wir Jesus von Herzen lieben, wirkt sich das auf unser Leben aus: Unser Glaube trägt Frucht. Wir können sie nicht selbst produzieren – das ist Aufgabe des Heiligen Geistes (siehe Galater 5,22–23). Doch wir müssen uns dem Geist Gottes zur Verfügung stellen, und das bedeutet, Schritte zu gehen, die uns nicht immer leichtfallen. So ein Schritt kann zum Beispiel sein, dass du deinen Eltern gehorchst, auch wenn sich alles in dir dagegen sträubt. Weil Gott will, dass du deinen Eltern gehorsam bist. Oder es kann heißen, dass du im Reliunterricht für die Wahrheit einstehst, auch wenn du dafür ausgelacht wirst – für Jesus. Oder dass du deinen sicheren Job kündigst und Missionarin wirst – weil Gott dich ruft.

Als Gott mir die Vision von der Mädchenarbeit *lily white* ins Herz gelegt hat, konnte ich kaum abwarten, dass es endlich losgeht. Es war ein Auftrag von Gott, der mich mit Leidenschaft und Tatendrang erfüllte. Ich hatte so viele Ideen und ging richtig in meiner Aufgabe auf. Das ist immer noch so, aber es gibt Momente, in denen ich am liebsten alles hinwerfen würde. So viel Freude und Erfüllung ich auch in meinem Dienst für Gott finde, es ist alles andere als einfach – erst recht, wenn man sich wie ich um Ehemann, Kinder, den Haushalt und noch so vieles mehr kümmern muss. Im Herbst 2012 tobte eine ganze Weile ein Kampf in mir. Ich wollte nicht mehr eine so anspruchsvolle Aufgabe haben. Ich wollte etwas Leichteres. Im Oktober war ich auf einem Mädchenabend, wo ich mit circa zehn Mädels über verschiedene Themen sprach. Zwischendurch gab es ein leckeres Essen, das wir gemeinsam gekocht hatten. Neben unseren Tellern lag ein Bibelvers. Als ich meinen las, war mir zum Heulen zumute, weil ich wusste, dass es Gottes Antwort auf meine innere Zerrissenheit war:»Sei getreu bis an den Tod, so will ich dir die Krone des Lebens geben« (Offenbarung 2,10b; LU). Gott wollte, dass ich ihm gehorsam bin, und ich machte weiter. Da gab er mir neue Kraft und noch mehr Freude an dieser tollen Aufgabe! Meistens diene ich Gott mit Leidenschaft und Freude und manchmal auch aus reinem Gehorsam, weil er der König meines Lebens ist.

Und noch mehr ... Gott ist unbeschreiblich. Die Bibel ist voll von verschiedenen Namen, Bildern und Umschreibungen von Gottes Größe. Er ist unser Erlöser, der uns neues Leben schenkt. Er ist Richter und wird in seiner Gerechtigkeit entscheiden, wer in sein Reich einziehen darf und wer hart bestraft wird. Er ist unser Vater, auf dessen Schoß wir wie ein kleines Kind klettern dürfen, um uns von ihm trösten und beschützen zu lassen, der uns manchmal aber auch zurechtweisen muss. Gott ist unerklärlich – manchmal scheinen seine Gnade und seine Gerechtigkeit nicht zusammenzupassen. Aber er ist weise und vollkommen. Und Gott ist noch viel, viel mehr – allmächtig, allgegenwärtig, geduldig, heilig ...

MITTEN INS LEBEN

Wenn ich in der Bibel lese, halte ich immer einen Buntstift mit einer vierfarbigen Miene parat. Namen und Eigenschaften Gottes markiere ich blau. Versuche doch auch mal, Bibeltexte mit einem Buntstift zu lesen und die Stellen anzustreichen, in der Gottes Wesen beschrieben wird. Du kannst dir aber auch eine Liste anlegen, die du immer wieder erweiterst. Vor allem aber: Bete, dass Gott sich dir zeigt. Das tut er in erster Linie durch sein Wort, aber auch durch die Natur, durch Menschen und bestimmte Umstände in deinem Leben.

∼

Der Herr ist mein Fels, meine Burg und mein Retter;
mein Gott ist meine Zuflucht, bei dem ich Schutz suche.
Er ist mein Schild, die Stärke meines Heils und meine Festung!

PSALM 18,3; NL

Gott ist so groß, dass wir ihn nicht begreifen,
und seiner Jahre Zahl ist unergründbar.

HIOB 36,26; GN

Womit fütterst du deine Gedanken?

NELLI LÖWEN

Meine Liebste,

pass auf dich auf, und glaub nicht alles, was du siehst. Die Medien wollen dir oft etwas vormachen. Nicht alles entspricht der Wahrheit. Deshalb sei kritisch mit den Inhalten, die dir Fernsehsendungen, Internetforen und Zeitschriften vermitteln wollen. Prüfe das, was du liest und hörst, mit den Aussagen in der Bibel. Du wirst merken, dass es sehr oft gegensätzliche Positionen sind. Höre auf mich. Du kannst darauf vertrauen, dass meine Worte wahr sind. Wenn ich dir zuflüstere, dass du schön bist – so wie du aussiehst –, dann hör nicht auf die Stimmen, die dir etwas anderes vermitteln wollen. Wenn ich dir sage, dass du in mir Erfüllung findest, dann hör nicht auf jemanden, der dir weismachen will, dass Erfolg, Geld und Ruhm die höchsten Ziele im Leben sind. Komm zu mir und lass dich immer wieder neu von meiner Wahrheit erfüllen.

**Ihr werdet die Wahrheit erkennen,
und die Wahrheit wird euch frei machen.**

JOHANNES 8,32; NGÜ

»Wenn du dieses Shampoo benutzt, dann haben deine Haare ein tolles Volumen, sie glänzen und sind kraftvoll.«

»Wenn du diese Zahnpasta benutzt, dann blitzen deine Zähne plötzlich.«

»Wenn du diese Hose trägst, bist du der Blickfang auf jeder Party.«

Kommen dir diese Sätze bekannt vor? Bestimmt, denn schließlich werden wir permanent mit Werbung konfrontiert, die wir über verschiedene Medienkanäle konsumieren. Sie haben alle eins gemeinsam: Sie wollen dir vermitteln, dass dir zu deinem vollkommenen Glück noch etwas fehlt, dass es da eine Lücke gibt, die du unbedingt füllen musst, und zwar mit dem angepriesenen Produkt. Die unterschwellige Botschaft lautet: Wenn du es kaufst, wirst du glücklich sein. Das Problem ist: Diese Masche funktioniert leider sehr gut. Wie oft fallen wir auf diese Tricks rein? Noch während wir die Shampoo-Werbung schauen, schmieden wir schon den Plan, zum nächsten Drogeriemarkt zu fahren. Es ist verrückt, wie leicht wir manipulierbar sind.

Auch die Sitcom-Produzenten haben ein Erfolgsgeheimnis entdeckt: Mit immer neuen Folgen schaffen sie sich eine Fangemeinde. Und die Fans halten sich dann den Abend frei, weil sie ja unbedingt die aktuelle Folge mitbekommen wollen. In den Serien geht es häufig um Sex, Beziehungskisten und Luxus. Die Mädchen sehen sexy aus, die Jungs sind oft richtige Machos. Egal, ob Junge oder Mädchen, alle versuchen, das Bestmögliche rauszuholen, nur um vom anderen Geschlecht begehrt zu werden.

Welches Gefühl hast du nach so einer Folge? Empfindest du Neid, weil du vielleicht keinen Freund hast wie die süße Hauptdarstellerin im Film? Glaubst du, wenn du auch so zierlich wärst, dann hättest du sicher auch einen Freund?

Worüber denkst du nach, wenn du den Fernseher ausmachst? Wenn du dir die Inhalte dieser Sendungen nicht sorgfältig durch den Kopf gehen lässt und du für dich nicht bewertest, was gut und was schlecht ist, wird sich der Inhalt in deine Gedanken und Einstellungen einschleichen. Vielleicht protestierst du gerade: *Das ist doch total übertrieben mit diesen Sendungen! Und überhaupt: Ich lasse mich doch davon nicht beeinflussen!* Doch, ich glaube, man wird sehr wohl beeinflusst durch das, was man in seinen Kopf hineinlässt. Und ich behaupte, dass man seine Gedanken wesentlich besser füllen kann als mit Unterhaltungsfernsehen. Zum Beispiel mit guten Filmen und guten Büchern, die dich näher zu Jesus bringen und die dich positiv prägen. Davon hast du einfach mehr.

Aber nicht nur Werbung und Sitcoms sind nicht ohne, sondern auch die Nachrichten. Sie überhäufen uns nämlich stündlich mit vielen negativen Informationen. »Skandal« scheint das Lieblingswort der Journalisten zu sein. Deshalb werden Probleme oft aufgeblasen, sodass sich plötzlich jeder mit einem Problem beschäftigt, das letztendlich gar nicht so schlimm ist, wie es dargestellt wird. Nur schlechte Nachrichten sind für Journalisten »gute« Nachrichten, weil sich schlechte Nachrichten besser verkaufen. Ein Beispiel: Wenn Unternehmen Pferdefleisch in die Lasagne mischen, ohne das auf der Verpackung zu kennzeichnen, interessiert das viele Menschen weit mehr als die Information, dass im Mittelmeer ein paar Schiffbrüchige gerettet wurden. Dabei liegt es an den Journalisten, was sie vermitteln und wie sie etwas darstellen. Leider berichten die Medien häufig von bestimmten Ereignissen nur, weil sich damit die Auflage steigern beziehungsweise Quote machen lässt. Dagegen werden oft ganz andere, viel schwerwiegendere Probleme verschwiegen.

Werbung, Fernsehen, Nachrichten – egal, wo und wie du Medien konsumierst, ob ganz bewusst oder »nebenbei«: Wichtig ist, dass du die Botschaften nicht einfach nur schluckst, sondern sie mit Vorsicht genießt. Sei kritisch, wenn du dir Liebesfilme anschaust, die dir vermitteln wollen, dass in einer Beziehung niemals Probleme auftauchen. Mach dir bewusst, dass Schlanksein überhaupt keine Voraussetzung ist, um glücklich zu werden. Vielleicht ist das neue Shampoo wirklich gut für deine Haare, aber auch wenn das so ist, wirst du niemals die Haare haben, die du in der Werbung siehst. Schließlich werden sie durch geschickte Lichtführung und Bildbearbeitungsprogramme raffiniert in Szene gesetzt.

Die Medien vermitteln uns viele Lügen. Jesus dagegen bietet uns die Wahrheit an. Ich möchte mich immer wieder hinterfragen, ob ich nicht vielleicht doch gelegentlich den Lügen der Medien glaube. Um das zu prüfen, stelle ich die Botschaften der Journalisten und Werbemacher den Aussagen Gottes gegenüber. Stimmen sie mit der Bibel überein? Dann kann ich es annehmen. Sagen sie etwas anderes? Dann darf ich mich ganz ruhig an Jesus halten und seinen Worten glauben. Denn die Werbung, die heute über die Mattscheibe flimmert, haben wir morgen schon wieder vergessen. Und nichts ist so uninteressant wie die Nachrichten von gestern. Gottes Wort dagegen hat Bestand – und es hat die Kraft, unser Leben positiv zu prägen.

MITTEN INS LEBEN

Sei aufmerksam, wenn du diese Woche im Internet unterwegs bist, fernsiehst und mit Werbebotschaften konfrontiert wirst. Wie wirkt eine Sendung auf dich, die du dir anschaust? Welche Gefühle löst ein bestimmtes Werbeplakat in dir aus, an dem du jeden Morgen vorbeimusst? Vielleicht ist es für dich dran, die eine oder andere Sendung komplett zu meiden. Vielleicht besteht die größte Herausforderung für dich auch darin, dass du lernst, kritisch mit den Medien umzugehen, und du dich damit auseinandersetzt, wie die Welt der Medien funktioniert – damit du nicht in die Fallen hineintappst, die dort versteckt sind.

～

Und stellt euch nicht dieser Welt gleich, sondern ändert euch
durch Erneuerung eures Sinnes, damit ihr prüfen könnt, was Gottes
Wille ist, nämlich das Gute und Wohlgefällige und Vollkommene.

RÖMER 12,2; LU

Prüft aber alles und das Gute behaltet.

1. THESSALONICHER 5,21; LU

Näher zu Gott – aber wie?

REGINA NEUFELD

Meine liebe Tochter,

du sehnst dich nach mir und willst immer näher zu mir kommen. Doch du hast oft das Gefühl, dass du in deinem Glauben nicht weiterkommst. Das liegt daran, dass es Dinge in deinem Leben gibt, die deine Aufmerksamkeit von mir ablenken, deine Zeit rauben, die du in die Beziehung zu mir investieren könntest. Doch das muss nicht sein. Lass all das los. Suche mich mit deinem ganzen Herzen und du wirst mich finden. Das verspreche ich dir. Ich lasse mich von dir finden. Dann werde ich dein Herz so verändern, dass du dir nichts sehnlicher wünschst, als mit mir zusammen zu sein. Du wirst jeden Augenblick in meiner Nähe sein wollen. Deine Gedanken werden von mir gefüllt sein. Also wende deine Augen von vergänglichen Dingen ab und schau auf mich. Komm näher zu mir, denn ich vermisse dich, wenn du nicht bei mir bist, mein Kind. Ich liebe dich und warte mit offenen Armen auf dich.

Selbst spät in der Nacht denke ich an deinen großen Namen, Herr, an dein Gesetz habe ich mich ständig gehalten. Wie lieb habe ich doch dein Gesetz, den ganzen Tag sinne ich darüber nach!

PSALM 119,55+97; NGÜ

Den ganzen Tag über Gott nachdenken, und auch in der Nacht … Ist das nicht etwas zu viel verlangt? Schließlich muss ich mich doch auch mit anderen Dingen beschäftigen – Hausaufgaben, Freunde … Und wie soll das überhaupt gehen? Das habe ich mich früher auch immer gefragt. Es hört sich ja echt schön an, wenn man sagt:»Ich denke den ganzen Tag über an Jesus. Er ist mein erster und letzter Gedanke.« Aber ist das realistisch? – Offensichtlich schon, denn der Schreiber dieses Psalms konnte das tatsächlich über sich sagen.

Wenn du das nicht kannst, möchte ich dir ein paar Tipps weitergeben, die mir sehr geholfen haben.

Meide Ablenkungen
In 1. Thessalonicher 5,17 steht:»Lasst euch durch nichts vom Gebet abbringen!« (NGÜ). Kommt dir folgende Situation bekannt vor? Du sitzt in deinem Zimmer ganz ruhig auf deinem Bett mit der Bibel in der Hand. Gerade willst du anfangen zu lesen, da klopft es an der Tür. Deine Mutter erinnert dich, dass das Essen in zehn Minuten fertig ist. Als du dich endlich entschieden hast, welches Kapitel in diesem dicken Buch du nun lesen möchtest, schaffst du kaum drei Verse, da erreicht dich eine SMS. Deine beste Freundin. Selbstverständlich musst du antworten. Du liest weiter, bis kurz darauf das nächste Piepen ertönt. Dann klingelt dein Handy, weil es doch einfacher ist, alles direkt zu besprechen. Oh, sind die zehn Minuten schon um? Du wirst am Mittagstisch erwartet.

Bei mir war das Problem nicht mein Handy, sondern mein Laptop. Nachdem mein Sohn geboren war, habe ich versucht, seine Schlafenszeit dafür zu nutzen, in der Bibel zu lesen und zu beten und danach etwas für *lily white* zu schreiben. Während ich versuchte, mich auf das Gebet zu konzentrieren, starrte mich mein Laptop an, in der Erwartung, ich solle ihn doch endlich anschalten und nachsehen, was für Mails auf mich warteten. Seit mir das bewusst ist, verbanne ich den Störenfried aus dem Zimmer.

Ablenkungen müssen nicht unbedingt schlechte Dinge sein. Aber ist es unbedingt notwendig, eine Stunde lang mit deiner Freundin zu telefonieren oder den Tag über zu simsen, obwohl ihr euch gerade in der Schule gesehen habt? Was lenkt deinen Blick von Jesus ab? Was stiehlt deine Zeit mit ihm? Denk mal über folgenden Satz nach: Keine Zeit für die Zeit mit Jesus gibt es nicht, wenn er deine Nummer 1 ist.

Meide schlechte Einflüsse

Doch nicht nur Ablenkungen halten uns davon ab, ständig über Gott nachzudenken, zu beten und mit ihm verbunden zu sein. Sehr oft ist es auch der schlechte Einfluss. Unser Gehirn lernt jeden Augenblick. Es kann nicht einfach sagen: Okay, dieser Film vermittelt nichts Gutes, also gucke ich mir nichts davon ab. Du lernst immer. Es liegt also in deiner Hand, was für Inhalte du in deine Gedanken und in dein Herz lässt.

Wenn du einen Zeitvertreib, eine Gewohnheit oder eine Beziehung in deinem Leben hast, die dich von Jesus Christus entfernt, ist das ein Zeichen dafür, dass es nicht in dein Leben gehört!

Ist es die Sucht nach Liebesromanen, die dein Verlangen nach einer eigenen Liebesgeschichte nährt und größer werden lässt als die Sehnsucht nach Gott? Sind es Lieder, die du mitträllerst, ohne dir darüber bewusst zu sein, dass es gotteslästernde Texte sind? Serien, die durchzogen sind von Untreue und sexistischen Witzen? Oder deine Clique, mit der du ständig über andere herziehst?

Du wirst von alldem geprägt. Deshalb sei wählerisch. Es geht dabei um dein Herz, um dein Leben. Du bist ein Heiligtum, in dem Gott wohnt (siehe 2. Korinther 6,16–17). Deshalb lass all den Schmutz draußen, um Gott einen ehrenvollen Platz zu bieten. Sei eine Lilie, die sich nicht von den Dornen zuwuchern lässt, sondern sich zum Licht freikämpft!

Suche nach Gott – immer und überall

Wenn wir unsere Ablenkungen und schlechten Einflüsse meiden, entsteht eine Lücke, die gefüllt werden will. Nun hast du mehr Platz für Gott in deinem Leben. Wie du diesen füllen kannst, liest du in der nächsten Andacht.

MITTEN INS LEBEN

Schreibe alles auf, was dich von Gott ablenkt oder schlechten Einfluss auf dich nimmt. Bitte Gott für jeden einzelnen Punkt auf deiner Liste um Vergebung, dass du zugelassen hast, dass dich diese Dinge von Gott weggezogen haben. Sag ihm alles, was jetzt in dir vorgeht und was du dir für die Zukunft wünschst. Was soll sich in deinem Leben ändern, damit du Gott näher kommst?

~

Dann werdet ihr den Herrn, euren Gott, suchen.
Und wenn ihr ihn aufrichtig und ernsthaft sucht,
werdet ihr ihn finden.

5. MOSE 4,29; NL

Wende meine Augen von nutzlosen Dingen ab,
lass mich durch dein Wort leben.

PSALM 119,37; NL

Zeit mit Gott –
kein Punkt auf der To-do-Liste

REGINA NEUFELD

Meine geliebte Tochter,

ich bin hier. Meine Hände sind gefüllt mit unendlich vielen Segnungen, die ich für dich bereithalte. Mein Mund ist voll mit Liebesworten für dich. Komm zu mir. Suche mich von ganzem Herzen, so will ich dir all das geben. Bei mir kommst du zur Ruhe. Ich gebe dir neue Kraft, mir zu folgen und nicht von meinem Weg abzuirren. Wenn du ständig mit mir in Verbindung bleibst, bewahre ich dich vor Schuld. Denn dann wird dich meine Wahrheit erfüllen, und die Lügen, die dich verführen wollen, werden keinen Platz mehr in deinem Herzen haben. Je mehr du dich mit mir und meinem Wort beschäftigen wirst, desto mehr wirst du mich lieben. Je mehr du mich liebst, desto mehr wirst du an mich denken. Und je mehr du an mich denkst, desto näher wirst du mir sein.
Ich bin hier, mein Kind. Ich laufe dir entgegen.

Dieses Buch des Gesetzes soll nicht von deinem Mund weichen, und du sollst Tag und Nacht darüber nachsinnen, damit du darauf achtest, nach alledem zu handeln, was darin geschrieben ist; denn dann wirst du auf deinen Wegen zum Ziel gelangen, und dann wirst du Erfolg haben.

JOSUA 1,8; ELB

Ein Mann, der sich immer wieder intensiv mit dem »Buch des Gesetzes«, also mit dem Wort Gottes, beschäftigt hat, hat ein seeehr langes Lied geschrieben: den Psalm 119. Es ist mit seinen 176 Versen mit Abstand das längste Lied der Bibel und hat genau ein Thema: das Wort Gottes. Dem Schreiber des Psalms war Gottes Wort so wichtig, dass er sich sehr viele Gedanken darüber gemacht hat. So schreibt er zum Beispiel: »Wie kann ein junger Mensch in seinem Leben rein von Schuld bleiben? Indem er sich an dein Wort hält und es befolgt« (Psalm 119,9; NL).

Wir geben Gottes Wirken in uns Raum, wenn wir seinem Wort viel Platz in unserem Alltag einräumen. Wir müssen denjenigen kennen, den wir lieben und anbeten. Du kannst unmöglich jemandem nahekommen, wenn du dich nicht bemühst, ihn immer besser kennenzulernen. Deshalb sind das Lesen und das Forschen in seinem Wort das A und O einer erfüllenden Beziehung zu Gott.

Doch eine Beziehung lebt nicht nur vom Zuhören. Gott möchte auch, dass wir ihm antworten. Das tun wir im Gebet.

Die Zeit mit Gott ist für viele Christen leider nicht besonders wichtig. Oft ist es nur ein Punkt auf der To-do-Liste, der ihnen ein schlechtes Gewissen macht, wenn sie ihn nicht abhaken können. Aber wer die Vorstellung hat, der Glaube habe etwas mit Pflichterfüllung zu tun, beraubt sich damit selbst.

Als ich noch zur Schule ging, habe ich vor der Schule in einem Andachtsbuch gelesen, und als ich nach Hause kam, als Allererstes in der Bibel. Ich habe mir Zeit genommen, für die Anliegen auf meiner Gebetsliste zu beten. In dieser Zeit war ich Gott sehr nahe. Er hat mich dadurch reifen lassen und mein Leben war erfüllt. Irgendwann wurden meine Treffen mit Gott weniger, weil mir die Lieblingsserien wieder wichtiger wurden, und es kam wieder die Leere in mein Leben zurück. Wie gesagt: Wir berauben uns selbst, wenn wir uns keine Zeit für Gott nehmen.

Triff dich regelmäßig mit Gott. Die Zeiten, die du mit ihm verbringst (manche sagen auch »Stille Zeit« dazu), kannst du ganz unterschiedlich gestalten. Hier einige Tipps:

- Höre christliche Musik oder die Bibel als Hörbuch. Das hilft oft auch gegen sorgenvolle oder schlechte Gedanken.
- Mache selbst Musik und lobe Gott in Liedern.
- Lege dir ein Gebetstagebuch zu. Schreibe deine Gebete auf, besonders wenn es dir schwerfällt, dich zu konzentrieren. Aber auch deine Fragen und Erkenntnisse haben hier ihren Platz und du kannst deine Reise mit Gott immer wieder nachlesen.
- Mache einen Gebetsspaziergang. Spüre Gott im Wind, singe für ihn mit den Vögeln, oder setze dich einfach auf eine Bank und genieße die Ruhe, um zu hören, was Gott dir sagen möchte.
- Bete laut, besonders, wenn deine Gedanken schnell abschweifen.
- Bleibe ständig mit Gott im Gespräch – auf dem Schulweg, beim Aufräumen usw.
- Lies Biografien und andere christliche Bücher, die dir zeigen, wie du deinen Glauben leben kannst.
- Tausch dich mit deiner Freundin, im Hauskreis oder mit einer Mentorin aus und betet miteinander.
- Suche dir in der Gemeinde eine Aufgabe – das fordert dich heraus.

Sei kreativ in der Gestaltung deiner Beziehung zu Gott. Mach Jesus zum Zentrum und nimm ihn in jeden Bereich deines Lebens mit hinein: in deine Beziehungen, deine Hobbys, die Schule usw. Er will nicht Teil deines Lebens sein, sondern dein ganzes Leben! Er wird dann alles auf den Kopf stellen – dein Denken, Fühlen und Handeln.

Ich finde es sehr hilfreich und empfehle dir, feste Zeiten mit Gott zu reservieren, in denen du ungestört sein kannst, und einen festen Ort dafür zu bestimmen. Das kann zum Beispiel eine »Gebetsecke« in deinem Zimmer sein. Und hier noch ein paar Tipps:

- Schalte dein Handy aus.
- Häng an deine Zimmertür ein »Bitte nicht stören«-Schild.
- Schau nicht auf die Uhr.
- Leg dir Zettel und Stift bereit, damit du die Gedanken notieren

kannst, die dir durch den Kopf schwirren und die es dir schwermachen, dich auf deine Begegnung mit Gott zu konzentrieren.

Du wirst merken, dass dich ständig irgendetwas von deiner himmlischen Verabredung abhalten will. Von allen Seiten kommen irgendwelche Ablenkungen. Und dann kommt noch dazu, dass wir nicht immer sonderlich Lust auf unsere Zeit mit Gott haben. Das ist normal. Aber wenn du die Sache eine Weile durchziehst, wirst du schnell merken, wie deine Liebe zu Gott wächst und dass du bald nicht mehr auf deine »Stille Zeit« verzichten möchtest.

MITTEN INS LEBEN

Richte dir deinen persönlichen Begegnungsort mit Gott ein. Ist es dein Schreibtisch? Dann halte ihn sauber, und hänge Zitate darüber, die dich motivieren, ihm zu begegnen. Oder die Couch? Dann lege alles daneben, was du für deine Stille Zeit brauchst – deine Bibel, dein Gebetstagebuch, Stifte.
Wie möchtest du Gott noch mehr in deinen Alltag einbinden? Schreibe deine Ideen auf und plane sie fest in die nächste Woche ein.

∼

Ich habe dich von ganzem Herzen gesucht, nun lass mich nicht von deinen Geboten abirren. Ich habe dein Wort in meinem Herzen bewahrt, damit ich nicht gegen dich sündige.
PSALM 119,10–11; NL

Naht euch Gott! Und er wird sich euch nahen.
JAKOBUS 4,8A; ELB

Es beginnt mit einem kleinen Gedanken ...

JULIA NEUDORF

Meine liebe Tochter,

ich bin immer bei dir. Ich weiß, wie es dir geht, was du gerade denkst und fühlst. Ich sehe nicht nur dein Äußeres, ich sehe vor allem dein Herz. Ich sehe, wie du es meinst, wenn du redest, und ich kenne auch deine sehnlichsten Wünsche. Wenn du aus Liebe handelst oder aus Demut oder wenn du aus Gehorsam zu mir auf Dinge verzichtest, freue ich mich. Aber manchmal macht es mich traurig, wenn ich sehe, was so alles in deinem Kopf passiert. Es gibt Momente, da schleicht sich Böses in deine Gedanken, und du merkst es nicht einmal. Ich möchte, dass du wachsam durch dein Leben gehst. Schaue nicht nur wachsam auf das, was du tust, sondern auch auf das, was du denkst. Ich sage dir das nicht, um dich in Verlegenheit zu bringen. Nein, du bist doch mein geliebtes Kind und ich möchte nur das Beste für dich.

Denn von innen, aus dem Herzen des Menschen, kommen Gedanken, die böse sind – Unzucht, Diebstahl, Mord, Ehebruch, Habgier, Bosheit, Hinterlist, Zügellosigkeit, Missgunst, Verleumdung, Überheblichkeit und Unvernunft. All dieses Böse kommt von innen heraus und macht den Menschen in Gottes Augen unrein.

MARKUS 7,21–23; NGÜ

Boah, ganz schön harte Verse, oder? Ich weiß nicht, wie es dir geht, aber ich hatte zuerst das Gefühl, diese Verse seien nicht an mich gerichtet. Ich begehe doch keinen Ehebruch und erst recht keinen Mord, und zügellos bin ich eigentlich auch nicht! Die Verse sind für ganz andere Menschen geschrieben, ganz bestimmt nicht für mich. Oder vielleicht doch?

Alle bösen Dinge beginnen meist ganz klein, mit einem Gedanken. Da fühlen wir uns doch irgendwie alle ertappt. Wer kann schon von sich behaupten, dass er nie schlechte Gedanken hat? Ich jedenfalls nicht. Leider! Ich weiß nicht, mit welchen Gedanken du gerade zu kämpfen hast oder ob dir überhaupt bewusst ist, dass du manchmal schlechte Dinge denkst. Vielleicht ist dir einer deiner Lehrer total unsympathisch, um nicht zu sagen, du hasst ihn – und dir gehen unschöne Schimpfwörter durch den Kopf. Vielleicht hast du eine Abneigung gegen eine Mitschülerin: *Man, die denkt wohl, dass sie was Besseres ist. Und wie die erst aussieht!* Möglicherweise denkst du auch schlecht über dich selbst: *Ich bin nichts wert. Mich liebt niemand wirklich. Niemand würde merken, wenn ich weg wäre.* Vielleicht hast du aber auch mit falschen Gedanken über Gott zu kämpfen, vielleicht klagst du ihn heimlich für eine schwere Situation in deinem Leben an, oder du traust ihm nicht zu, dir in deiner Lage helfen zu können.

Es soll hier nicht darum gehen, dich zu entlarven oder dich niederzumachen. Nein, ich möchte dich einfach dafür sensibilisieren, was sich so alles in deinem Kopf abspielt, ohne dass irgendjemand etwas davon mitbekommt. Ob bewusst oder unbewusst: Schlechte Gedanken belasten uns, sie rauben uns die Freude am Leben, und viel schlimmer noch: Aus ihnen werden oft leider früher oder später auch Taten. Wir machen den Lehrer vor Freunden schlecht, lästern über die Mitschülerin, lassen Gott links liegen … Und schon klingen die harten Worte aus den Bibelversen am Anfang gar nicht mehr so abwegig, oder? Viel zu schnell werden aus unseren Gedanken Taten der Bosheit, Hinterlist, Missgunst, Überheblichkeit usw.

40

Aber was können wir denn nun tun? Wir können doch nicht einfach aufhören zu denken!

Klar, das geht nicht. Aber wir können sensibel dafür werden, was in unserem Kopf abgeht; uns bewusst machen, dass wir vor Gott nichts verstecken können. Keinen einzigen Gedanken. Wenn wir öfter an die Tatsache denken, dass Gott jeden einzelnen unserer Gedanken sieht, werden wir ihnen vielleicht nicht mehr so oft freien Lauf lassen. Die gute Nachricht ist: Wir sind ihnen nicht hilflos ausgeliefert! Wir können NEIN sagen. Wenn ein schlechter Gedanke durch meinen Kopf schießt, sage ich oft zu mir selber: »Stopp! Ich denke diesen Gedanken jetzt nicht weiter!«, und ich bitte Gott, mir zu helfen, in eine andere Richtung zu denken. Er ist letztendlich derjenige, der uns helfen kann, im Kampf gegen die falschen Gedanken zu gewinnen. Ich glaube, manchmal müssen wir einfach nur wollen und bereit sein für die Veränderung, den Rest möchte Gott in uns tun.

MITTEN INS LEBEN

- *Welche falschen Gedanken gibt es in dir, gegen die du ankämpfen möchtest? Mach dir einen Notfall-Spickzettel. Da drauf kannst du all die Wahrheiten über dich selber, deinen Lehrer, deine Mitschülerin oder über Gott schreiben, die dir in der Bibel begegnen. Zum Beispiel:»Ich bin wunderbar gemacht.« (Das gilt übrigens auch für die nervigen Lehrer oder Mitschüler.) Oder du notierst dir:»Gott liebt auch meine Klassenkameradin Lena.« Wenn du dann wieder im Gedankensumpf gefangen bist, lies den Zettel, um schnellstmöglich aus der Negativspirale rauszukommen.*

- *Falls du nicht weißt, ob du überhaupt falsche Gedanken hast, kannst du Gott bitten, dir Dinge zu zeigen, die du verändern sollst (lies dazu Psalm 139,23).*

- *Bitte Gott um eine neue Sicht auf die Dinge oder die betreffenden Menschen, wenn du merkst, dass schlechte Gedanken in dir die Oberhand gewinnen. Es kann sein, dass er deine Sicht auf die Dinge, deine Meinung über andere und deine Einstellung zu bestimmten Situationen im positiven Sinne völlig auf den Kopf stellt. Du wirst staunen, wenn du den Versuch wagst!*

~

Mögen die Worte, die ich spreche, und die Gedanken, die mein Herz ersinnt, dir gefallen, Herr, mein Fels und mein Erlöser!

PSALM 19,15; NGÜ

Erforsche mich, Gott, und erkenne, was in meinem Herzen vor sich geht; prüfe mich und erkenne meine Gedanken!

PSALM 139,23; NGÜ

Leg deine Masken ab

REGINA NEUFELD

Mein geliebtes Kind,

als ich dich vor Jahren geplant hatte, habe ich mir über jedes Detail Gedanken gemacht. Nicht nur über dein Äußeres, sondern auch über deine Gaben, dein Temperament und auch deine Schwächen. Ich hatte ein wunderschönes Bild vor Augen, denn ich habe dich passend für deinen Lebensweg ausgestattet. Doch du lebst nicht in meiner Bestimmung. Du versuchst so oft, deine Schwächen zu verheimlichen, dein Temperament zu verbiegen und dich mit anderen zu vergleichen. Du bist nicht du selbst, sondern trägst eine Maske. Doch ich wünsche mir für dich ein Leben in Freiheit. Wenn du das annehmen möchtest, dann tritt hinein in meine heilende Gegenwart und lass dich von mir erforschen. Ich werde dir die Wahrheit sagen. Die Wahrheit über dich findest du nur in meinem Wort und in der Beziehung zu mir. Ich allein bin das Licht, das dein Leben erleuchtet und zum Strahlen bringen kann. Ich liebe dich so, wie du wirklich bist!

Erforsche mich, Gott, und erkenne, was in meinem Herzen vor sich geht; prüfe mich und erkenne meine Gedanken!

PSALM 139,23; NGÜ

Wie geht's dir? Gut? Geht es dir wirklich gut oder ist das deine Standardantwort auf diese Frage? Geht es dir vielleicht gar nicht so gut? Und trotzdem lächelst du und sagst brav: »Gut!«, oder: »Eigentlich ganz gut!« Doch meistens folgt dann noch ein Aber ...

In bestimmten Situationen, vor bestimmten Menschen verhalten wir uns nicht echt.

Vor Freunden sind wir cool und lustig.

Vor Fremden zurückhaltend und still.

Zu Hause sind wir genervt und ziehen uns in unser Zimmer zurück.

In der Gemeinde tun wir, was von uns erwartet wird.

In der Schule halten wir den Mund, wenn jemand etwas tut oder sagt, was wir eigentlich nicht richtig finden.

Es ist ein Stück weit normal, in verschiedene Rollen zu schlüpfen, um zu entdecken, wer man eigentlich ist. Du kannst dich ja auch nicht überall gleich verhalten, sondern musst dich bestimmten Situationen anpassen. Doch häufig tragen wir diese lächelnde Maske und machen der Welt und uns selbst vor, alles sei in Ordnung, und weinen uns abends in den Schlaf.

Warum tun wir so, als würden wir niemanden brauchen, obwohl uns die Sehnsucht nach Nähe quält?

Als Adam und Eva von der Frucht des verbotenen Baums gegessen hatten, erkannten sie im selben Augenblick, dass sie nackt waren. Sie schämten sich plötzlich voreinander, ein Gefühl, das sie bis dahin noch gar nicht kannten. Sie spürten das Bedürfnis, sich zu verstecken. Sünde stand nun zwischen ihnen. Die Offenheit und Unbeschwertheit des Paradieses war vorbei.

Unser Leben ist ein Maskenball – doch keineswegs so schön und romantisch wie der in Venedig. Der Maskenball, auf dem wir mittanzen, ist geprägt von Alleinsein und Angst.

Hast du Angst zu zeigen, wer du wirklich bist? Ist es die Angst vor Ablehnung? Immer ist da die Frage: »Was werden die anderen über mich denken?« Deshalb schaffst du es nie laut auszusprechen, was du denkst, vor allem nicht zu deinen Überzeugungen zu stehen.

Ich hatte früher riesige Angst, mich in der Schule zu melden oder auf andere zuzugehen – aus Angst, abgewiesen zu werden. Es hat lange gedauert, bis ich sagen konnte: »Dieser Mensch kennt mich wirklich!« Wie viele Menschen kennen dich? Vor wem kannst du dich geben, wie du bist?

Schlechte Erfahrungen machen uns hart. Wir merken, dass die Menschen, die wir am meisten lieben, uns am tiefsten verletzen können. Deshalb lassen wir niemanden zu nah an uns heran. Wenn ich mich nicht öffne, kann ich nicht so schnell verletzt werden, das ist doch klar, oder?! Unsere Maske hilft uns gewissermaßen beim Überleben, sie ist ein Schutz. Und Menschen haben sich verschiedene Masken zugelegt, um sich zu schützen: Manche ziehen sich total zurück, andere überspielen ihre Einsamkeit mit vorlauten Worten und einem selbstbewussten Gehabe.

Manchmal tragen wir eine Maske, um unsere Sicht auf die Realität zu vernebeln. Es gibt so viele Dinge in dieser Welt, denen wir am liebsten aus dem Weg gehen würden. Und sogar vor Gott versuchen wir Dinge zu verheimlichen. David beschreibt in Psalm 139 seine Flucht vor Gott. Er versucht, sich zu verstecken. Läufst du auch manchmal vor Gottes Nähe davon, willst nicht, dass er alles von dir weiß?

Vielleicht bist du bisher ganz gut mit deiner Maskenparade gefahren, doch irgendwann wirst du feststellen, dass es sehr anstrengend ist, ständig sein Gesicht zu wechseln.

Du wirst merken, dass du einsam bist, weil es niemanden gibt, der dich wirklich kennt. Irgendwann weißt nicht einmal mehr du, wer du eigentlich bist. Und das Schlimmste ist: Die Masken verhindern, dass du der Mensch bist, den Gott sich ausgedacht hat, als er dich schuf.

»Wenn du die äußere Fassade entfernst, alle Masken fallen lässt und jede Art von Verkleidung und Verstellung ablegst, dann bleibt die unverfälschte Persönlichkeit übrig, die in den Augen Gottes unglaublich kostbar ist« (Priscilla Shirer).*

Begebe dich auf die Suche nach deinem wahren Ich, nach dem Mädchen, das Gott sich sorgfältig erdacht und mit viel Liebe erschaffen hat.

Als David erkannte, dass er sich nicht vor Gott verstecken kann, kam er zu einer Erkenntnis, die du in Psalm 139,23 nachlesen kannst. Er kapitulierte und bat Gott, jede Einzelheit seiner Persönlichkeit zu durchleuchten und seine Gedanken zu erforschen.

Gott möchte, dass wir nicht länger in der Dunkelheit eines Ballsaals umherlaufen, sondern ein Leben im Licht führen. Licht bedeutet Wärme, Geborgenheit, Freiheit. Ein Leben im Licht ermöglicht dir echte Gemeinschaft mit anderen Menschen, denn Transparenz und Authentizität sind der wahre Schlüssel zu ihren Herzen.

Im Licht leben bedeutet vor allem, mit Gott zu leben, mit dem, der dein wahres Ich erschaffen hat. Gottes Plan gilt nicht einem perfektionierten Ich deiner Person, sondern dir, mit all deinen Stärken und Schwächen, Talenten und Vorlieben, deinem Temperament, deiner Sensibilität. Einfach dir. Erst wenn du deine Maske ablegst, kannst du die Bestimmung für dein Leben erfüllen.

---

* Priscilla Shirer, Ein mutiger Weg für Frauen: Impulse aus dem Film »Courageous«, Burgthann: LUQS Verlag 2012, S. 73.

MITTEN INS LEBEN

Bete das Gebet Davids und lass dich von Gott durchleuchten. Frage ihn, wer du bist. Denke darüber nach, was in deinem Leben nur Fassade ist und was wirklich zu dir gehört. Schreibe all die Eigenschaften, die dich ausmachen, auf. Du kannst auch deine Familie und Freunde fragen, wie sie dich sehen – sicher wird dich vieles positiv überraschen. Und dann beginne, dein wahres, echtes Leben zu leben.

~

Jesus sagte zu den Menschen, die nun an ihn glaubten:
»Wenn ihr euch nach meinen Worten richtet, seid ihr
wirklich meine Jünger. Ihr werdet die Wahrheit erkennen,
und die Wahrheit wird euch frei machen.«

JOHANNES 8,31–32; NL

Doch wenn wir wie Christus im Licht Gottes leben,
dann haben wir Gemeinschaft miteinander, und das Blut von Jesus,
seinem Sohn, reinigt uns von jeder Schuld.

1. JOHANNES 1,7; NL

Glauben und zweifeln

REGINA NEUFELD

Mein Kind,

*du kennst mich. Du weißt, wozu ich fähig bin. Mit einem einzigen
Wort schuf ich das Licht. Ich habe Kranke geheilt und Tote zum
Leben erweckt – und tue das noch heute. Ich bin mächtiger als
jede Herrschaft der Welt und als alle unsichtbaren Mächte. Und
ich bin dein Gott. Darum kannst auch du große Dinge tun, du
kannst durch mich Berge versetzen! Doch du musst daran glauben.
Glaube daran, dass ich alles tun kann. Zweifle nicht, lass dich
nicht verunsichern. Sonst entgehen dir viele Wunder, die ich dir
zeigen möchte. Es ist nicht immer leicht für dich, mir zu vertrauen,
weil du meine Gedanken und Wege nicht nachvollziehen kannst.
Aber wenn du dich trotzdem entscheidest zu glauben, werde
ich all deine Zweifel ausräumen und deinen Glauben stärken.
Glaube, auch wenn du nicht verstehst. Vertrau mir, auch wenn du
das Ende nicht kennst. Halte an meinen Versprechen fest, auch
wenn du mich nicht spürst. Denn ich bin treu. Ich bin souverän.
Ich bin dein Gott.*

Da sagte Jesus zu ihnen: »Ich versichere euch: Wenn ihr fest glaubt
und nicht zweifelt, könnt ihr auch solche Dinge tun und noch viel
mehr als das. Ihr könnt sogar zu diesem Berg sagen: ›Hebe dich
empor und wirf dich ins Meer‹, und es wird geschehen.«

MATTHÄUS 21,21; NL

Glaubenszweifel. Ein heikles Thema. Niemand mag zugeben, dass er sie hat, und doch haben die meisten Christen damit zu kämpfen. In der Bibel steht:»Du erhörst Gebet« (Psalm 65,3). Auch Jakobus schreibt in seinem Brief (siehe Jakobus 1,5–8), dass man sich darauf verlassen soll, dass Gott auf Gebet antwortet. Wir sollen ihm vertrauen. Wenn wir das nicht tun, haben wir keine Standfestigkeit, dann machen die Umstände mit uns, was sie wollen. Die Folge ist, dass wir hin- und hergerissen sind und nicht wissen, was nun das Richtige ist, wem wir Glauben schenken sollen. Wir haben keinen Halt.

Vielleicht bist du wie ich schon als Kind in die Gemeinde gegangen und mit Gott in deinem Herzen groß geworden. Dein kindliches Vertrauen war unerschütterlich. Doch irgendwann fingst du an, Fragen zu stellen: Gibt es Gott wirklich? Warum soll ausgerechnet das Christentum recht haben? Woher soll ich wissen, dass Gott mein Gebet hört? Vielleicht fühlst du dich von Gott im Stich gelassen oder der Glaube scheint dir viel zu unlogisch.

Die Bibel erzählt uns von Thomas, dem Zweifler. Thomas war nicht dabei, als Jesus seinen Jüngern zum ersten Mal nach seiner Auferstehung erschienen ist, und konnte nicht glauben, was die anderen ihm da erzählten. Er wollte sich mit eigenen Augen vergewissern. Er wollte Jesu Wunden berühren, um ganz sicher zu sein. Jesus ließ ihn warten. Acht Tage lang. Dann zeigte er Thomas, was dieser unbedingt sehen wollte. Jesus verstand ihn, verurteilte ihn nicht. Dennoch konfrontierte er ihn mit seinen Zweifeln:»Du glaubst, weil du mich gesehen hast. Gesegnet sind die, die mich nicht sehen und dennoch glauben« (Johannes 20,29; NL). Jesus fordert uns zum Glauben auf, selbst wenn wir ihn nicht sehen oder verstehen.

Gott ließ auch einen anderen Mann warten. Jim Elliot wusste schon sehr früh, dass er eines Tages Missionar werden würde. Wann? Wo? Wie? Das wusste er alles nicht. Trotzdem passte er sein Leben, selbst seine Ernährung, dieser Berufung an. Als er und seine Kollegen mit ihren Familien endlich an dem Ort waren, zu dem sie sich von Gott berufen fühlten – um Menschen von Jesus zu erzählen –, passierte ... gar nichts. Sechs Wochen nach ihrer Ankunft schrieb er Folgendes in sein Tagebuch:

»Aber was soll man machen? Etwa zweifeln, nachdem man gebetet, gewartet und alles nach besten Kräften abgewogen hat? Nein. Zweifeln können wir nicht, wohl aber unsere Herzen prüfen und mehr beten und mehr Glauben haben.«[*]

Jesus versteht deine Fragen, deine Zweifel. Du darfst sie ihm sagen. Er wird dich nicht verurteilen, sondern nimmt dich ernst. Er nimmt dich bei der Hand und führt dich durch diese schwierige Zeit – auch wenn du ihn nicht immer spürst. Wenn du zweifelst, dann bleib nicht stehen. Geh weiter. Denke an die Zeiten, in denen du dir ganz sicher warst. Hat Gott dir nicht schon oft bewiesen, dass er treu ist?

Du musst nicht alles verstehen. Gott ist viel zu groß für unseren Verstand. Seine Wege scheinen manchmal unlogisch, unfair und über Umwege zu führen. Aber er versichert uns immer wieder, dass er weiß, was er tut, und dass er nur das Beste für uns im Sinn hat.

Unsere Aufgabe ist, zu vertrauen. Vertrauen kann Zweifel überwinden, weil es nicht auf Wissen und Verstehen basiert. Vertrauen erwächst aus einer Beziehung. Je tiefer die Beziehung, desto fester das Vertrauen.

Meine kleine Tochter lässt sich oft in unsere Arme fallen, selbst dann, wenn wir sie gar nicht ausstrecken. Bisher haben wir sie immer auffangen können, doch es gab schon so manch heikle Situation. Dieses kindliche Vertrauen fasziniert mich. Sie fragt sich nicht, ob ich auch wirklich stark genug bin, um sie zu halten. Sie vertraut mir, weil sie mich kennt und ich sie schon oft aufgefangen habe. Wenn die Kinder größer werden, beginnen sie jedoch zu zögern. »Papa, komm noch etwas näher.« »Mama, du bist so klein, du kannst mich nicht mehr fangen.« Doch wenn sie trotz ihrer Ängste springen, erfahren sie, dass sie immer noch gehalten werden. Diese Erfahrung vertieft

---

[*] Elisabeth Elliot, Im Schatten des Allmächtigen: Das Tagebuch Jim Elliots, R. Brockhaus, 4. Auflage 2003, S. 158.

das Vertrauen in die Eltern. Die Beziehung wird vertieft, weil die Kinder erleben, dass man sich auf Mama und Papa verlassen kann. Manchmal laufen die Dinge anders, als ich es mir wünsche oder denke. Das ist schwierig für mich, weil ich am liebsten alles im Voraus wissen will. Es gibt so vieles, was mir im ersten Moment falsch erscheint. Dann denke ich: »Gott, das hätte doch anders laufen sollen. Warum ausgerechnet so?« Und ich frage mich, ob das wirklich der beste Weg ist. Doch dann erinnere ich mich daran, dass Gott mir immer wieder bewiesen hat, dass er nur das Beste für mich will, und ich oft einfach nicht weiß, wie dieses Beste aussieht. Und dann muss ich mich entscheiden: Lasse ich die Zweifel zu, oder will ich vertrauen, auch wenn ich das Ergebnis noch nicht sehe?

MITTEN INS LEBEN

Wie sehen deine Zweifel aus? In welchen Situationen fällt es dir besonders schwer, Gott zu vertrauen? Sprich mit Gott über deine Fragen und Gedanken. Und dann entscheide dich: Willst du ihm vertrauen? Schreibe deine Entscheidung auf, und bitte Gott, deinen Glauben zu stärken. Und denk dran: Dein Vertrauen zu Gott wächst mit deiner Beziehung zu ihm. Gott schenkt dir Glauben, wenn du dich für ihn öffnest.
Was ist dein größtes Gebetsanliegen? Bete jeden Tag in kindlichem Vertrauen dafür.

~

Da sagte Jesus zu ihnen: »Ich versichere euch: Wenn ihr fest glaubt und nicht zweifelt, könnt ihr auch solche Dinge tun und noch viel mehr als das. Ihr könnt sogar zu diesem Berg sagen: ›Hebe dich empor und wirf dich ins Meer‹, und es wird geschehen.«
MATTHÄUS 21,21; NL

»Was soll das heißen, ›wenn ich kann‹?«, fragte Jesus.
»Alles ist möglich für den, der glaubt.«
Der Vater rief: »Ich glaube! Aber hilf mir, dass ich nicht zweifle!«
MARKUS 9,23–24; NL

Ein Navi für dein Leben

REGINA NEUFELD

Meine geliebte Tochter,

du suchst nach Antworten, nach Orientierung und Sicherheit. Dir schwirren viele Fragen durch den Kopf – Fragen nach deiner Zukunft, Fragen nach dem Richtig und Falsch. Ich will dir die Antworten geben und dir die Richtung zeigen, in die du gehen sollst. Denn ich habe einen Plan für dich, einen wirklich wunderbaren Plan. Den Weg dorthin habe ich mit vielen Überraschungen und Abenteuern gepflastert, und ich wünsche mir, dass du offene Augen und Ohren dafür hast. Das wird dir gelingen, wenn du an mich denkst bei allem, was du tust. Verlass dich nicht auf deinen eigenen Verstand, sondern allein auf mich. Manchmal werden dir meine Wege zu holprig erscheinen, du wirst mich nicht immer verstehen. Doch am Ende wirst du sehen, dass mein Weg immer der richtige ist. Deshalb versuche zu begreifen, was ich von dir möchte, und vertrau mir.

Der Herr spricht zu mir:
»Ich will dir den Weg zeigen, den du gehen sollst.
Ich will dir raten und dich behüten.«

PSALM 32,8; NL

Gerade, wenn man noch jung ist, müssen wichtige Entscheidungen getroffen werden. Die wichtigste ist die Frage, wer Herr über dein Leben ist. Und dann stehen noch Partnerwahl und die Berufswahl an ... Doch wie erkenne ich den richtigen Weg? Was möchte Gott von mir? Die Indien-Missionarin Amy Charmichael hat sehr treffend zusammengefasst, wie wir den Willen Gottes erkennen können:

»In Bezug auf Führung gibt es drei wichtige Punkte zu beachten:

1. Das Wort Gottes in der Bibel.
2. Das Wort des Geistes in unseren Herzen.
3. Die Umstände in unserem Leben, die von Gott so geführt worden sind.

Alle drei Punkte sollten in eine Richtung weisen. Es reicht nicht aus, wenn nur zwei beachtet werden, um den Willen Gottes herauszufinden. *Wenn es wirklich die Stimme Gottes ist, werden alle drei übereinstimmen.*«[*]

Dieselbe Erfahrung habe ich auch immer wieder in meinem Leben gemacht, auch wenn Gott oft ganz unterschiedlich zu mir spricht.

1. Führung durch die Bibel
Gottes Wille steht in der Bibel, und nichts, was seinen Plan für unser Leben betrifft, kann seinem Wort widersprechen. Wenn du dich zum Beispiel fragst, ob dein Klassenkamerad, der Interesse an dir zeigt, der richtige Mann für dich ist, er aber kein Christ ist, dann sagt die Bibel dazu:»Macht nicht gemeinsame Sache mit Ungläubigen. Wie kann die Gerechtigkeit sich mit der Gesetzlosigkeit zusammentun?

---

[*] Elisabeth Elliot, Amy Charmichael: Ein Leben in der Nachfolge, Neuhausen/Stuttgart: Hänssler 1995, S. 238.

Wie kann das Licht mit der Finsternis zusammenleben?« (2. Korinther 6,14; NL). Also ein klares Nein. Manchmal schickt Gott uns auch in unserer Stillen Zeit oder durch andere Menschen Bibelworte, die uns Antworten geben.

2. Führung durch Gottes Geist

Gottes Geist lebt in dir und er wirkt in dir, redet zu dir und du darfst ihm vertrauen. Als ich mich gefragt habe, was nach meinem Abi dran ist, ging ich verschiedene Möglichkeiten durch. Lehramt? Sozialpädagogik? Biologie? Das alles hat mich zwar interessiert, aber wenn ich darüber gebetet habe, hatte ich einfach keine Ruhe, keinen Frieden im Herzen. Ich wusste, das Richtige für mich war noch nicht dabei. Erst als ich mich mit einigen Jugendlichen aus meiner Gemeinde über Bibelschulen unterhielt, wusste ich in einem einzigen Moment, dass dies mein Weg war. Ich füllte die Bewerbung aus und schickte sie weg, ohne auch nur ein wenig daran zu zweifeln, dass ich angenommen werden würde. Ich wusste, dass Gott mich dort haben wollte.

3. Führung durch die Umstände in unserem Leben

Noch bevor die Sache mit der Bibelschule klar war, träumte ich einige Zeit davon, Logopädin zu werden. Das war mein absoluter Traumberuf. Ich suchte verzweifelt im Internet nach Schulen, die nichts oder wenig kosten, und ich fand eine einzige, die für mich infrage kam. Ich betete und bewarb mich dort. Als ich die Absage in der Post fand, verspürte ich komischerweise gar keine Enttäuschung oder Frust. Ich hatte viel für die Bewerbung gebetet – und Gott machte die Tür zu. Er hatte also etwas Besseres für mich im Sinn.

Wenn Gott durch Umstände zu uns redet, kann das ganz unterschiedlich aussehen: Er kann zum Beispiel durch andere Menschen, die du um Rat fragst, reden oder durch eine Predigt genau in deine Situation hineinsprechen.

Gott spricht zu dir, und du kannst es trainieren, seine Stimme wahrzunehmen und auf sie zu hören, indem du Gott dein Herz und deine Zeit schenkst. Je besser du ihn kennst, desto besser kannst du sein Reden verstehen.

Manchmal müssen wir aber auch auf eine Antwort von Gott warten. Mitunter auch sehr lange. Gott will uns damit nicht etwa ärgern oder hinhalten. Er weiß besser als wir, dass es manchmal Dinge gibt, die für uns noch nicht dran sind zu wissen – dass die Antwort uns zum gegenwärtigen Zeitpunkt nur überfordern würde. Doch damit wir zur richtigen Zeit Gottes Weg erkennen können, hat er uns seinen Geist geschenkt.

Es kann aber auch sein, dass wir selbst es sind, die Gottes Wegweisung im Wege stehen. Manchmal wollen wir Gottes Willen gar nicht wissen, weil wir befürchten, dass er ganz anders aussehen könnte als unserer. Vielleicht suchst du nach dem nächsten Schritt, obwohl du den ersten noch gar nicht gegangen bist. Als ich schließlich im dritten Bibelschuljahr war, also kurz vor meiner Absolvierung, stand die Zukunftsfrage wieder an. Sollte ich an der Uni weiterstudieren? Oder sollte ich vielleicht den Masterabschluss an der Bibelschule machen, also weitere zwei Jahre bleiben? Ich tat mich sehr schwer mit der Entscheidung und war sehr unruhig. Irgendwie spürte ich, dass ich an der Bibelschule bleiben sollte, doch ich wehrte mich gegen diesen Gedanken. Als ich meinen Widerstand endlich aufgab und mich dafür entschied, kam Frieden in mein Herz und die Gewissheit, auf dem richtigen Weg zu sein.

Solange du nicht weißt, wie Gottes großer Plan für dein Leben aussieht, geh in kleinen Schritten Tag für Tag auf seinem Weg: Liebe Gott und deine Mitmenschen. Gehe respektvoll mit deinen Eltern um. Lebe erkennbar als Christ. Erzähle anderen von Gott. Bewahre dir ein reines Herz, bei allem, was du tust.

Lerne, seinen Willen in den kleinen Dingen zu befolgen. Er wird dich schon rechtzeitig auf eine Kreuzung aufmerksam machen!

MITTEN INS LEBEN

Welche Frage in Bezug auf den Willen Gottes beschäftigt dich momentan am meisten? Durchforste die Bibel zu diesem Thema, und bete besonders intensiv dafür, seinen Plan für dein Leben zu erkennen. Achte darauf, was andere Menschen dazu sagen. Du kannst auch eine weise Person deines Vertrauens um Rat fragen und mit ihr zusammen dafür beten. Versuche, offen für Gottes Antwort zu sein, egal, wie sie aussieht. Denk dran: Er weiß am besten, was für dich dran ist!

～

Vertraue von ganzem Herzen auf den Herrn und verlass dich nicht auf deinen Verstand. Denke an ihn, was immer du tust, dann wird er dir den richtigen Weg zeigen.

SPRÜCHE 3,5–6; NL

Handelt nicht gedankenlos, sondern versucht zu begreifen, was der Herr von euch will.

EPHESER 5,17; NL

Ist das denn gerecht?!

REGINA NEUFELD

Mein liebes Kind,

*ich weiß, dass dein Leben nicht immer einfach ist, seit du dich
für mich entschieden hast. Du musst viel einstecken und deine
eigenen Wünsche manchmal hintenanstellen. Meistens fällt es dir
auch nicht so schwer, weil dich deine Liebe zu mir beflügelt.
Aber dann siehst du dich um und stellst fest, dass das Leben vieler
Menschen, die mir nicht folgen, so viel leichter ist. Sie denken nur
an sich selbst und haben damit auch noch Erfolg. Ich verstehe,
dass dir das unfair vorkommt, doch du siehst nicht das ganze Bild.
Überleg mal: Was haben die Menschen, die du beneidest, für einen
Sinn in ihrem Leben? Wird ihnen irgendetwas bleiben, wenn sie
sterben müssen? Und was passiert danach mit ihnen? Es erwartet
sie ein viel größeres Unglück, als sie es sich vorstellen können. Das
macht mich schrecklich traurig, weil ich mir wünsche, dass alle
Menschen gerettet werden und die Ewigkeit bei mir im Himmel
verbringen. Doch jeder muss selbst entscheiden, welchen Weg er
wählt. Eines Tages wird der Unterschied zwischen dir und ihnen
deutlich werden, und jeder wird sehen, dass du die richtige Wahl
getroffen hast. Du gehst den richtigen Weg, wenn du nah an mir
bleibst. Dieser Weg ist steinig und nur wenige entscheiden sich für
diesen unbequemen Weg. Trau dich, eine dieser wenigen zu sein!*

Denn ich habe die stolzen Menschen beneidet, als ich sah, wie
gut es ihnen trotz ihrer Bosheit ging.

PSALM 73,3; NL

61

»Sie scheinen ein sorgloses Leben zu führen und sind stark und gesund. Sie müssen sich nicht wie die anderen Menschen abmühen und werden nicht wie alle übrigen von Sorgen geplagt. Ihren Hochmut tragen sie zur Schau wie einen kostbaren Halsschmuck, und ihre Grausamkeit umgibt sie wie ein kostbares Kleid. Sie triefen vor Fett und tun, was immer ihr Herz begehrt. Sie verspotten andere und reden nur Böses, verächtlich verhöhnen sie andere. Sie prahlen, als kämen ihre Worte vom Himmel, die ganze Welt hört ihre angeberischen Worte. (…) Schau dir diese gottlosen Menschen an – während ihr Reichtum wächst, führen sie ein angenehmes und sorgloses Leben« (Psalm 73,4–12; NL).

Im Psalm 73 erzählt der Schreiber Asaf von einem heftigen inneren Kampf. Er liebt Gott und will ihm in allem folgen. Und trotzdem beneidet er die gottlosen Menschen. Ich kann ihn gut verstehen. Als Teenager hatte ich häufig mit denselben Gedanken zu kämpfen. Ich fühlte mich eingeschränkt, während meine Klassenkameraden all das taten, was sie wollten – Eltern belügen, während sie auf einer Party waren, gedankenlos Beziehungen eingehen und wieder beenden, Autos demolieren, klauen usw. Und das Schlimmste war, dass sie immer damit durchkamen und ihren Spaß dabei hatten. Ihr schlechtes Verhalten schien für sie keine Konsequenzen zu haben. Manchmal kommt mir heute noch der Gedanke, ein bequemeres Leben wäre doch so viel schöner! Geht dir das manchmal auch so?

Als du dich entschieden hast, deinen Weg mit Gott zu gehen, waren deine Erwartungen vielleicht: »Jetzt wird alles besser. Mein Leben wird leichter, sorgloser und glücklicher.« Doch schließlich musstest du feststellen, dass oft genau das Gegenteil der Fall ist. Dein Leben ist schwerer geworden. Du bemühst dich, ein guter Christ zu sein, doch statt Freiheit spürst du Zwänge und Versagensängste. Jesus soll dir Erfüllung schenken – und trotzdem wünschst du dir noch so viel mehr. Doch du bleibst dran und erzählst anderen sogar manchmal von Gott. Aber dafür wirst du bloß ausgelacht. Es steigen Zweifel,

Unzufriedenheit und Selbstmitleid in dir auf. Und Neid – auf diejenigen, die es leichter haben als du.

Du lernst tagelang für eine schwere Mathearbeit, betest viel und bittest auch andere für dich zu beten. Und am Ende reicht es nur für eine 3+. Doch deine Klassenkameradin vor dir prahlt mit ihrer 1. Du hast genau gesehen, dass sie einen Spickzettel versteckt hatte. Sie hat die 1 gar nicht verdient. Doch sie hat den Erfolg, den du dir erhofft hattest. Und auch sonst scheinen die Menschen ohne Gott ein total locker-leichtes Leben zu führen – jedes Wochenende wird feucht-fröhlich gefeiert, man holt sich Zärtlichkeit, wenn einem danach ist – ohne Zwang, ohne Verpflichtung. Doch wir warten und versuchen, irgendwie mit unseren Sehnsüchten klarzukommen.

Wo liegt der Sinn darin, wenn eine Mutter von zwei kleinen Kindern, die Gott über alles liebt, plötzlich an Krebs erkrankt und alles Beten scheinbar keine Wirkung hat? Wenn sie stirbt, während Menschen leben, die immer nur an sich denken? Warum? Sollte Gott nicht viel mehr denen Erfolg, Gesundheit und Glück schenken, die ihm folgen?

Asaf versucht all das zu verstehen, doch er findet keine Antwort. Erst, als er sich an Gott wendet, bekommt er einen anderen Blickwinkel. Er erkennt, dass die gottlosen Menschen am Ende nichts mehr zu lachen haben. Gott wird sie einmal hart bestrafen. Aber er wird eines Tages Gottes Herrlichkeit sehen. »Ich bin aber davon überzeugt, dass unsere jetzigen Leiden bedeutungslos sind im Vergleich zu der Herrlichkeit, die er uns später schenken wird« (Römer 8,18; NL). Das Leben hier auf der Erde wird so schnell vorbei sein. Wir werden unsere Opfer, Demütigungen und andere Leiden vergessen, sobald wir Gottes ewiges Reich betreten. Uns erwartet Größeres!

Doch Gott vertröstet Asaf nicht erst auf den Himmel. Schon im Hier und Jetzt kann er mit ihm rechnen. Er gehört zu Gott und nur das zählt. Nichts auf der Welt ist ihm wichtiger als er. All die Vergnügungen dieser Welt sind es nicht wert, dass wir unseren Frieden mit Gott aufs Spiel setzen. Gib dich nicht mit kurzen Glücksmomen-

ten zufrieden, sondern öffne dich für die echte Freude, die nur Gott
schenken kann.

MITTEN INS LEBEN

*Der Psalm 23 malt ein wunderschönes Bild davon, wie Gott uns als
guter Hirte alles gibt, was wir brauchen. Ja, er will uns nicht nur das
Nötige, sondern sogar das Beste geben. Er führt dich den richtigen
Weg und seine Liebe umgibt dich jeden Tag. Hier kommt mein Vorschlag: Lerne diesen Psalm (es ist nicht viel Text) auswendig, und
sage ihn laut auf, wenn du Zweifel hast oder dich alleine fühlst.*

∼

Dann werdet ihr den Unterschied zwischen den Gerechten und den
Gottlosen, zwischen denen, die Gott dienen, und denen, die dies
nicht tun, erkennen. (…) Für euch aber, die ihr meinen Namen achtet,
wird die Sonne der Gerechtigkeit aufgehen, und ihre Strahlen werden
Heilung bringen. Ihr werdet hinausgehen und vor Freude hüpfen
wie Kälber, die auf die Weide gelassen werden.

MALEACHI 3,18+20; NL

Ihr könnt das Reich Gottes nur durch das enge Tor betreten. Die
Straße zur Hölle ist breit und ihre Tür steht für die vielen weit
offen, die sich für den bequemen Weg entscheiden. Das Tor zum
Leben dagegen ist eng und der Weg dorthin ist schmal, deshalb
finden ihn nur wenige.

MATTHÄUS 7,13–14; NL

Warten auf den Traumprinzen

REGINA NEUFELD

Mein geliebtes Kind,

ich weiß, dass du mich suchst und dich nach mir sehnst. Der Grund, warum du oft das Gefühl hast, dass ich weit weg bin oder dass ich mich nicht für dich interessiere, ist der, dass du mir kaum Platz in deinem Herzen lässt. Du richtest deine Gedanken und Gefühle viel mehr auf Jungs aus als auf mich. Jeden Tag fragst du mich, wer der Richtige für dich ist. Es ist gut, dass du dafür betest. Aber du willst meine Antwort nicht hören. Sie lautet: »Noch nicht.« Es ist noch nicht an der Zeit, dass ich dir deine Zukunft offenbare. Du kannst sicher sein, dass ich mich schon jetzt darum kümmere. Deine Zukunft liegt in meiner Hand. Vertraue mir, dass ich nur das Beste für dich will. Das Beste für dich ist zu lernen, all deine Zeit und Energie auf mich auszurichten. Das ist heute das Beste und das wird es immer sein. Ich bin das wahre Glück. Heute gebe ich dir die Zeit, dies intensiv zu lernen. Nutze sie und vergeude sie nicht. Genieß das Leben, wie es jetzt ist, denn es ist mein Geschenk an dich.

Genauso ist es bei der Frau: Wenn sie noch nicht verheiratet ist oder wenn sie keinen Mann mehr hat, gilt ihre ganze Sorge der Sache des Herrn; sie möchte ihm dienen mit allen ihren Gedanken und all ihrem Tun. Aber wenn sie verheiratet ist, sorgt sie sich auch um irdische Dinge; sie bemüht sich, ihrem Mann Freude zu machen.

1. KORINTHER 7,34; NGÜ

Wenn ich ans Warten denke, fällt mir immer die Zeile aus einem Weihnachtsmusical-Lied ein, das wir in unserer Gemeinde einmal aufgeführt haben: »Warten, warten, warten, das fällt mir manchmal ganz schön schwer. Warten, warten, warten, wo nehm ich die Geduld nur her?«

Besonders beim Thema Liebe ist das wirklich, wirklich schwer. Ich erinnere mich noch genau an einen meiner Tagebucheinträge, den ich als 11-Jährige schrieb:

Liebes Tagebuch,
ist er der Richtige? Ich weiß, wir sind beide noch sehr jung ...
Aber ist das Liebe?

Ich war wie immer verliebt. Am liebsten hätte ich schon mit zehn Jahren gewusst, wen ich einmal heiraten würde. Meine Gedanken waren komplett eingenommen von meinen Tagträumen, die sich darum drehten, wie ich mit meinem aktuellen Schwarm zusammenkommen würde.

Mein Problem war nicht, dass ich verliebt war – das ist ganz normal. Was aber sehr schwierig war: Ich tat nichts anderes, als nur darauf zu warten, dass endlich etwas in meinem Liebesleben geschah. Ich wartete nicht nur, sondern erwartete, dass Gott mir zeigte, wer der Richtige für mich sei. Ich war voller Ungeduld und so zogen meine Teeniejahre an mir vorbei.

Als ich 18 war, hatte ich es satt. Denn ich war süchtig geworden – süchtig danach, zu träumen, was passieren könnte, immer und überall. Selbst während der Predigt konnte ich mich nicht konzentrieren, sondern hing meinen Gedanken nach.

Nach vielem, vielem Beten und Kämpfen hat Gott mich aus dem Gedankenkreisel befreit. Ich musste nicht mehr in diesem Erwartungszustand hängen bleiben und konnte endlich anfangen, im Hier und Jetzt zu leben. Mein Herz und meine Gedanken waren wieder frei. Ich durfte genießen, was ich hatte: den Moment, in dem ich lebte. Ich genoss diese Freiheit so sehr, dass ich mir wünschte, dass sie noch lange anhalten würde. Denn endlich konnte ich Jesus mein *ganzes* Herz schenken.

Lebst du auch wie ich damals in einer ständigen Erwartung, dein Traumprinz müsse doch gleich um die Ecke kommen? Ist es vielleicht der Neue in der Klasse? – Er hat dich doch so nett angelächelt. Oder ist es jemand, den du schon lange kennst? Aber wer?? Beim Thema Liebe wird unser Vertrauen in Gottes Wege auf eine besonders harte Probe gestellt. Wir wollen wissen, was kommt, es selbst bestimmen und kontrollieren. Doch wenn du Jesus alles geben willst, bedeutet das auch, nicht zu wissen, was kommt. Wirst du jemals heiraten? Und wenn ja, wann? Gott wird dir die Antwort auf diese Fragen wahrscheinlich nicht weit im Voraus geben.

Ja, es wird immer wieder Zeiten geben, in denen du mit starken Sehnsüchten nach der Liebe und Zärtlichkeit eines Jungen zu kämpfen haben wirst. Es wäre falsch, diese Gefühle zu unterdrücken. Sei stattdessen ehrlich vor dir und vor Gott, und sag ihm alles, was du empfindest – Ungeduld, Frust, Neid oder einfach eine Sehnsucht, die nicht weggehen will. Du kannst sie als Weg sehen, Gott noch näher zu kommen, denn er bietet dir an, deine Sehnsüchte zu stillen. Wahrscheinlich wirst du immer wieder an diesen Punkt kommen. Und ich wünsche dir, dass du bereit bist, dich von Gottes Liebe durchfluten zu lassen, sodass du dir ganz bewusst wirst, dass du niemand anderen brauchst als ihn – auch wenn du dir trotzdem noch jemanden an deiner Seite wünschst.

Wir leben in einer Gesellschaft, in der schon 10-Jährige auf den Schulfluren und auch schon in den Gemeinden wild herumknutschen. »In wen bist du verliebt?« ist wahrscheinlich eine der am häufigsten gestellten Fragen. Und wenn du noch mit 20 Single bist, meinen deine Großeltern, umso intensiver für dich beten zu müssen, weil du noch keinen »abbekommen« hast. Und deine Freunde sehen dich schief an, wenn du in diesem Alter noch Jungfrau bist. Es ist klar, dass es bei solchen Erwartungen schwer ist, nicht in einem ungeduldigen Wartezustand zu leben. Doch warte im Vertrauen auf Gottes perfekten Plan, und hör auf, ständig zu erwarten, zu suchen, zu jagen und Ausschau zu halten. Konzentriere dich auf Jesus. Suche ihn und jage ihm nach. Wichtig ist nicht, dass du weißt, was morgen ist, sondern dass du heute an dem Platz lebst, an den Gott dich gestellt hat. Wo ist *heute* dein Platz?

In der Bibel beschreibt Paulus das Singlesein nicht als Fluch, wie es heutzutage häufig dargestellt wird, sondern als Geschenk, weil man Zeit hat, sich total auf Gott zu konzentrieren. Wenn du einmal in einer Beziehung bist, wirst du die Zeit dafür nie wieder in diesem Ausmaß haben.

Nutze die Zeit, um Gott kennenzulernen, deine Beziehung zu ihm zu festigen und dich von ihm formen zu lassen. Mach es zu deinem Ziel, zu einer Frau zu werden, die ganz nah am Herzen Gottes leben will. Kein Mensch dieser Welt, sondern nur Jesus kann alle deine Träume und Sehnsüchte erfüllen. Den Blick auf Jesus zu richten ist die beste Investition in deine Zukunft. Gott kümmert sich dann um den Rest!

MITTEN INS LEBEN

Lies mal Matthäus 6,19–34, und überlege dir, worum sich deine Gedanken die meiste Zeit drehen. Was sind deine Träume und Wünsche? Ist deine Beziehung zu Gott dein wichtigstes Anliegen? Glaubst du, dass Gott sich um alles kümmert und dir nur das Beste schenken möchte? Vielleicht nimmst du dir einen Moment Zeit und schreibst dir auf, wie du deine Singlejahre nutzen möchtest, um Gott näherzukommen.

~

Ich sage zum Herrn: »Du bist mein Herr.
Nur bei dir finde ich mein ganzes Glück!«

PSALM 16,2; NGÜ

Jesus Christus, meinen Herrn, zu kennen ist etwas so unüberbietbar Großes, dass ich, wenn ich mich auf irgendetwas anderes verlassen würde, nur verlieren könnte. Seinetwegen habe ich allem, was mir früher ein Gewinn zu sein schien, den Rücken gekehrt (…). Denn der Gewinn, nach dem ich strebe, ist Christus; es ist mein tiefster Wunsch, mit ihm verbunden zu sein.

PHILIPPER 3,8–9A; NGÜ

Gott liebt dich – bedingungslos

NELLI LÖWEN

Meine geliebte Tochter,

*ich genieße gerade den Moment mit dir. Ich freue mich, dass
du dir jetzt für mich Zeit nimmst. Weißt du wirklich im Inneren
deines Herzens, wie sehr ich dich liebe? Ist dir bewusst, dass ich
tatsächlich ALLES dafür getan habe, um dich wieder in meine
Arme schließen zu können? Ja, du warst es mir wert, dass ich
meine Arme ans Kreuz nageln ließ. Ich habe total gelitten und
unbeschreiblich große Schmerzen erlebt. Es war ein tiefschwarzer
Moment, weil sich in diesem Augenblick alle von mir abgewendet
haben – sogar Gott, mein Vater. Es tat so weh, schrecklich weh.
Aber dieser Schmerz war es mir wert. Viel schlimmer wäre für
mich der Gedanke, dich endgültig zu verlieren, niemals wieder mit
dir reden zu können und mit dir keine Gemeinschaft zu haben.
Aus diesem Grund bin ich diesen schweren Weg gegangen.
Ich wollte dich wieder in meine Arme schließen.*

Ich habe dich bei deinem Namen gerufen.

Du bist mein.

JESAJA 43,1; LU

Das Buch Hosea erzählt eine ergreifende Geschichte, durch die Gottes Liebe ziemlich deutlich wird. Gott beauftragt Hosea, eine Hure zu heiraten, also eine Frau, die kein Problem damit hat, mit verschiedenen Männern zu schlafen. Gott würde so etwas im Normalfall nicht fordern, jedoch tut er es bei Hosea, um seinem Volk Israel dadurch etwas klarzumachen. Hosea nimmt also die Hure Gomer zur Frau und bekommt mit ihr Kinder. Er entscheidet sich für diese Frau und beginnt sie zu lieben. Nicht, weil sie so eine Tolle ist oder weil sie so einen guten Charakter hat. Nein, er entscheidet sich einfach so; seine Liebe zu ihr ist nicht an Bedingungen geknüpft. Wenn du jetzt denkst, dass Gomer nach der Hochzeit irgendetwas an ihrem Lebensstil geändert hat, täuschst du dich. Sie ist die Gleiche wie vor der Hochzeit. Ständig geht sie fremd. Ständig läuft sie anderen Männern hinterher. Ständig ist sie damit beschäftigt, anderen Männern zu gefallen. Natürlich lassen sich die anderen Männer auch auf sie ein und nutzen sie aus. Ihr wird häufig das Herz gebrochen. Sie merkt es überhaupt nicht, dass die Männer sie nicht wirklich lieben, sondern sie nur benutzen, damit sie ihre selbstsüchtigen Wünsche befriedigen können.

Immer, wenn Gomer verletzt wurde, kommt sie zurück zu Hosea. Er hat die freie Entscheidung: Er kann sie vor die Tür setzen und diese Beziehung endgültig beenden. Er kann sie aber auch in seine Arme schließen und damit das Risiko eingehen, wieder von ihr hintergangen und verletzt zu werden. Was aus menschlicher Sicht verrückt ist, geschieht: Jedes Mal, wenn Gomer zurückkommt, nimmt er sie in seine starken Arme. Jedes Mal küsst er sie. Jedes Mal freut er sich, dass sie zurückgekommen ist.

Die Geschichte von Hosea und Gomer veranschaulicht Gottes Liebe zu seinem Volk Israel. Gott lässt Israel nicht fallen, obwohl die Menschen Gott so oft den Rücken kehren, sich von ihm abwenden.

An dieser Stelle fühle auch ich mich irgendwie angesprochen. Wie oft tue ich Jesus weh, wenn ich andere Dinge für wichtiger halte als ihn? Zum Beispiel, wenn ich krampfhaft versuche, einen Freund zu bekommen, weil ich glaube, dass mir das zum Glücklichsein fehlt? Oder wenn ich traurig bin, weil andere Mädchen anscheinend so viel schöner und so viel dünner sind als ich? Alles, was mir wichtiger als Gott ist, ist ein Stich in sein Herz. Er leidet darunter, wenn ich mich von ihm abwende und anderen Dingen nachlaufe. Es macht ihn traurig zu sehen, wenn mir seine Liebe zu mir mehr oder weniger egal ist, weil mir gerade andere Dinge, andere Gedanken viel wichtiger sind. Seine Entscheidung jedoch bleibt felsenfest: Er wird mich *immer* lieben. Egal, was ich tue. Egal, wie sehr ich ihn verletze. Er wird mich jederzeit wieder in seine Arme schließen. Er wird immer für mich da sein. Diese Liebe ist unlogisch und nicht erklärbar – und trotzdem ist sie Realität.

Ich weiß nicht, wie es dir mit diesem Gedanken geht. Fühlst du Gottes Liebe? Glaubst du, dass er dich wirklich unendlich liebt? Lange Zeit habe ich es nur mit meinem Kopf gewusst. Es war halt so: Gott liebt mich. Aber ich konnte es nicht wirklich fühlen. Zumindest ließ ich es nicht an mich ran. Ich dachte, ich sei nicht liebenswert. Warum sollte Gott jemanden wie mich wirklich lieben? Ich kannte meine Fehler sehr gut. Und glaubte, ich müsste mir Gottes Liebe verdienen, möglichst immer meinen Eltern gehorsam sein, möglichst viel in der Gemeinde mitarbeiten ... Erst dann, so dachte ich, würde Gott sich über mich freuen und mich dann auch lieben. Irgendwann nahm mich dieser Gedanke sehr gefangen. Ständig schwirrte in meinem Kopf herum: »Du schaffst es sowieso nicht, diese Liebe zu bekommen. Egal, wie viel du versuchst, es wird nicht ausreichen. Du bist ein Versager.« Diese Gedanken wurden immer stärker, bis ich sie nicht mehr aushalten konnte und tief in mir drinnen aufgab. Ich konnte nicht mehr. Es hatte keinen Sinn. In diesem Moment machte Jesus mir klar, dass er mich schon immer geliebt hat. Ich muss nichts tun, um von ihm geliebt zu werden. Ich muss nicht versuchen, alles perfekt zu machen, damit Jesus mich lieb hat. Nein, seine Liebe ist nicht an Bedingungen geknüpft. Er hat sich entschieden, mich zu lieben. Egal, wie viel oder wie wenig ich tue. Er hat sich entschieden, mich zu lieben, egal, ob ich Dinge tue, die er nicht mag, oder Dinge, die er toll findet. Und das macht mich richtig froh! Manchmal vergesse ich es immer noch, dass er mich liebt, ohne etwas von mir zu erwarten. Und deswegen bete ich manchmal: »Jesus, du liebst mich. Bitte lass mich das auch spüren. Mach mich feinfühlig, damit ich deine Liebesbeweise sehen kann.«

Weißt du was? Jesus zeigt dir und mir ständig, dass er uns liebt. Er nimmt uns beim Wort. Er begegnet mir zum Beispiel in einem schönen Lied, das ich mir anhöre. Oder wenn ich draußen einen schönen Spaziergang mache oder am Abendmahl teilnehme. Oder wenn ich mich gerade voll gut mit meiner Mama unterhalte. Er verdeutlicht uns auf verschiedene Arten, wie sehr er uns liebt. Und trotzdem wünscht er sich, dass wir es ihm auch einfach *glauben*. Sein Wort – die Bibel – ist ein großer Liebesbrief an dich und mich. Ist das nicht genial?

MITTEN INS LEBEN

Nimm dir doch heute mal bewusst Zeit zum Nachdenken: Glaubst du, dass Gott dich liebt, ohne dass du etwas dafür tun musst? Glaubst du, dass er dich auch dann liebt, wenn du gerade etwas getan hast, was Gott traurig macht? Du kannst deine Gedanken in deinem Tagebuch oder auf einem Zettel festhalten.

Lies dir die unten stehenden Bibelverse vor, wenn du dich gerade schlecht fühlst und du glaubst, dass Gott dich im Moment wirklich nicht lieben kann.

Wenn du magst, lies doch einmal das Buch Hosea komplett durch. Achte mal darauf, wie Gott mit seinem Volk Israel umgeht. Genauso geht er auch mit dir um!

~

[Gott sagt:] »Ich habe nie aufgehört, dich zu lieben.
Ich bin dir treu wie am ersten Tag.«
JEREMIA 31,3; GN

Dankt dem Herrn, denn er ist gut zu uns,
seine Liebe hört niemals auf!
1. CHRONIK 16,34; GN

Lebensfreude

NELLI LÖWEN

Hallo, mein liebes Kind,

*ich verstehe manchmal gar nicht, warum Menschen glauben,
dass ich keine Freude mag, sondern total ernst bin.
Ich liebe es, Freude zu haben und Freude zu fühlen, denn es
ist eine Charaktereigenschaft von mir.
Freude ist eine Frucht des Heiligen Geistes. Ich freue mich sehr,
wenn Menschen in verschiedenen Dingen Grund zur Freude
finden. Ich freue mich mit dir, wenn du dich freust – wenn du
einen bunten Schmetterling anschaust oder eine Blumenwiese,
wenn du die Vögel zwitschern hörst, einen guten Kaffee oder ein
leckeres Eis genießt, du glücklich bist über ein tolles Gespräch mit
deiner besten Freundin oder eine gute Note bekommen hast. All
das macht dich glücklich, es macht dein Leben schön. Aber weißt
du eigentlich, dass es noch eine tiefere Freude gibt als die Freude
über die vielen schönen Dinge in deinem Leben? Es ist die Freude,
die du bei mir finden kannst. Komm zu mir und lass dich mit
meiner Freude beschenken.*

Ihn habt ihr nicht gesehen und habt ihn doch lieb; und nun glaubt
ihr an ihn, obwohl ihr ihn nicht seht; ihr werdet euch aber freuen
mit unaussprechlicher und herrlicher Freude, wenn ihr das Ziel
eures Glaubens erlangt, nämlich der Seelen Seligkeit.

1. PETRUS 1,8-9; LU

Wenn ich mir überlege, welche Probleme und Sorgen ich bis jetzt in meinem Leben hatte, fröstelt es mich. Fast scheint es mir so, als wäre das Leben manchmal ein regelrechter Hürdenlauf. Ist gerade eine Hürde überwunden, kommt auch schon die nächste. Puh, wie soll man dabei überhaupt noch richtig fröhlich sein? Wie soll man es dabei schaffen, nicht die Freude am Leben zu verlieren?

Albert Frey, Liedermacher und Musikproduzent, hat da für sich eine Antwort gefunden. Er tankt die Lebensfreude direkt bei Jesus. Darüber hat er ein Lied geschrieben. Ich liebe diesen Song, denn die Zeilen beschreiben so treffend die Lebensfreude, die man in einer Beziehung mit Jesus finden kann:

Etwas in mir zeigt mir, dass es dich wirklich gibt.
Ich bin gewiss, dass du lebst, mich kennst und mich liebst.
Du bringst mich zum Lachen, machst, dass mein Herz singt.
Du bringst mich zum Tanzen, meine Seele schwingt.
Ich atme auf in deiner Gegenwart.

»Du bringst mich zum Lachen« und »Du bringst mich zum Tanzen« hört sich nach sehr, sehr viel Freude an. Es hört sich nach absoluter Freiheit und großer Freude an. Fröhlich, frisch und frei scheint sich der Verfasser in der Gegenwart Gottes zu fühlen.

Und dann singt er weiter:

Herr, du allein gibst mir Freude, die von innen kommt,
Freude, die mir niemand nimmt.
Herr, du machst mein Leben hell
mit dem Licht deiner Liebe.*

---

* Aus dem Lied »Freude«. Text und Melodie: Albert Frey, © 1995 SCM Hänssler, 71087 Holzgerlingen für Immanuel Music, Ravensburg.

Man spürt, dass der Schreiber dieser Zeilen verstanden hat, dass Freude nicht nur ein Gefühl ist, das man hat, wenn etwas scheinbar gut läuft oder man einen perfekten Tag erlebt. Die Freude, von der dieses Lied handelt, ist viel größer. Sie ist nicht abhängig von äußeren Bedingungen. Sie ist nicht davon abhängig, ob du einen Freund hast oder nicht, ob deine Eltern verheiratet sind oder geschieden, ob du etwas mollig bist oder superschlank oder ob du dich in der Schule wohlfühlst oder nicht ... Nein, diese Freude geht viel tiefer. David singt in einem seiner Lieder: »Denn bei dir ist die Quelle des Lebens, und in deinem Lichte sehen wir das Licht« (Psalm 36,10; LU). Wenn ich mir vorstelle, dass ich zur Quelle des Lebens gehe, um dort für mich Leben zu schöpfen, dann denke ich daran, dass ich dort Freude und Mut für den neuen Tag bekommen werde. Es gibt Tage, da bin ich unzufrieden und habe das Gefühl, alles steht gegen mich. Dann fehlt mir häufig diese tiefe Gemeinschaft mit Jesus. Natürlich ist das Gebet keine Zauberformel – es ist nicht automatisch so, dass nach dem Beten alles wieder im grünen Bereich ist. So einfach ist es meistens nicht. Trotzdem erfahre ich sehr oft, wie gut mir die Stille und das Gespräch mit Jesus tun. Indem ich ihm erzähle, was mich bedrückt und was mir Sorgen bereitet, öffne ich mich bewusst für Jesus und lasse es zu, dass er mich trösten und mir neuen Frieden schenken kann. Durch diesen Frieden schrumpfen dann häufig meine Sorgen und Probleme. Ja, und dann kann ich mich oft wieder richtig freuen. Die Nähe zu Jesus kann also wirklich Freude bringen. Ist das nicht genial? Auf unerklärliche Weise ist das für mich eine Garantie für ein fröhliches Leben. Für ein erfülltes Leben. Eben weil Jesus mitgeht und bei mir ist und er mich von innen heraus fröhlich machen möchte.

Es tut so gut, Freude zu fühlen, wenn man ganz nah bei Jesus ist. Es fühlt sich so an, als wäre man zu Hause. Man fühlt sich wertgeschätzt, geliebt und angenommen. Durch diese Momente mit Jesus bekomme ich wieder Mut und Kraft und Freude für das Leben, für den nächsten Tag. Dennoch hält die Freude manchmal gar nicht sehr lange an, weil schon die nächste Schwierigkeit auf mich wartet. Das ist schon eine Herausforderung, mitten in Schwierigkeiten die Freude nicht zu verlieren!

Ja, wir werden immer wieder Schwierigkeiten bekommen, weil wir eben noch nicht in einer perfekten Welt leben. Deshalb ist es umso wichtiger, dass wir immer wieder zur Quelle der Freude zurückkehren – zu Jesus – und uns dort neu erfrischen lassen. Und irgendwann werden wir dann die pure Freude erleben, die keine einzige Sekunde verschwinden wird. Johannes schreibt in Offenbarung 21,3–5 (LU): »Und er wird bei ihnen wohnen, und sie werden sein Volk sein und er selbst, Gott mit ihnen, wird ihr Gott sein; und Gott wird abwischen alle Tränen von ihren Augen, und der Tod wird nicht mehr sein, noch Leid noch Geschrei noch Schmerz wird mehr sein; denn das Erste ist vergangen. Und der auf dem Thron saß, sprach: Siehe, ich mache alles neu!«

Wow, bei diesen Versen bekomme ich eine Gänsehaut. Gott wird alles neu machen. Alle Probleme wird er wegnehmen und Freude in Fülle schenken. Er selbst wird jede einzelne Träne abwischen. Er wird bei uns wohnen und niemals mehr von uns weggehen. Wir werden direkt bei Jesus wohnen. Ich muss gerade lachen bei diesem Gedanken. Er ist so krass! Das wird ein Freudenfest, das sage ich dir. Ich wünsche mir, dass ich im Alltag immer mal wieder an meine himmlische Zukunft denke. Ich glaube daran, dass der Gedanke an meine Zukunft mich schon im Hier und Jetzt, auf dieser Erde, glücklich machen kann. Ja, ich will glauben, dass meine Probleme gegen diese Vorfreude keine Chance haben!

MITTEN INS LEBEN

Wenn du gerade Probleme hast oder dir Sorgen machst, wirst du wahrscheinlich nicht richtig von Herzen lachen können. Vielleicht merkst du, dass eine dunkle Wolke über deinem Herzen zu hängen scheint. Dann verbringe Zeit mit Gott. Er möchte deine Sorgen auf sich nehmen und dir wieder neue Freude schenken. Und wenn du gerade richtig fröhlich bist, dann erfreue dich daran und danke Gott dafür.

∼

Denn das Reich Gottes ist nicht Essen und Trinken, sondern Gerechtigkeit und Friede und Freude in dem Heiligen Geist.

RÖMER 14,17; LU

Freut euch Tag für Tag, dass ihr zum Herrn gehört. Und noch einmal will ich es sagen: Freut euch!

PHILIPPER 4,4; HFA

»Gott, warum?«

REGINA NEUFELD

Mein liebes Kind,

*ich möchte, dass du weißt, dass ich keine deiner Tränen übersehe.
Ich weine mit dir über dein Leid und fühle deinen Schmerz.
Ich bin ganz dicht bei dir. Auch wenn du mich nicht spürst, weil
du so voller Trauer bist, halte ich dich fest. Nie lasse ich dich allein.
Bei mir bist du sicher. Du kannst alle deine Sorgen und Ängste
bei mir abladen. Ich weiß, dass es nicht immer leicht für dich ist,
meinem Weg zu vertrauen, weil du ihn nicht verstehst und er dir
falsch und unfair erscheint. Aber ich weiß, was ich tue, und ich
hoffe, dass du weißt, dass ich immer das Richtige tue. Ich kenne
euch Menschen, denn ich habe euch gemacht. Und ich weiß, was
gut für dich ist, denn ich allein habe den Überblick. Du musst
nicht alle Antworten auf deine Fragen haben, denn vieles wirst du
erst verstehen, wenn du bei mir im Himmel bist. Vertrau mir nicht,
weil du einverstanden bist mit dem, was ich tue. Vertrau mir,
weil ich ein guter und mächtiger Gott bin.*

Er schenkt denen Heilung, die ein gebrochenes Herz haben,
und verbindet ihre schmerzenden Wunden.

PSALM 147,3; NGÜ

»Warum wurde ich ausgerechnet in diese Familie hineingeboren?«
»Warum heilt Gott meine Mutter nicht? Er kann das doch!«
»Warum hat Gott mich nicht beschützt, als sich dieser Mann an mir vergriffen hat?«

Stellst du dir auch manchmal diese oder ähnliche Fragen? Ich jedenfalls habe und hatte viele Warum-Fragen an Gott. Ich verstand nicht, warum Gott mir Schmerz zumutet. Als ich 14 Jahre alt war, schloss ich mich unzählige Male im Badezimmer ein, weinte bitterlich und wusch mir hinterher das Gesicht, damit es mir bloß niemand ansehen konnte, wie traurig und verzweifelt ich war. Mein größtes Problem war Einsamkeit. Zwar hatte ich nie ein eigenes Zimmer, war nur selten allein zu Hause und versuchte, jede freie Minute mit meinen Freundinnen zu verbringen, doch im Inneren fühlte ich mich viele Jahre lang allein, leer und unvollständig. Einsam eben. Des Öfteren sagte ich Gott im Gebet: »Herr, wenn ich dich nicht hätte, gäbe es mich nicht mehr.« Gott war oft das Einzige, das für mich das Leben lohnenswert machte.

In den vergangenen Jahren habe ich schon viele Gespräche geführt und E-Mails gelesen, in denen Mädchen mir anvertrauten, wie sie sich fühlen. Ich konnte sie in den meisten Fällen nur zu gut verstehen, weil ich mich genauso gefühlt hatte. Häufig erfuhr ich, dass es innerhalb der Familie Probleme gab, die Eltern sich ständig stritten, der Vater fremdging oder die Mutter nie zufrieden mit ihrer Tochter war. Viele Mädchen erzählten auch davon, dass die Beziehung zu ihrem Freund kaputtgegangen ist. Und die Liste ist noch länger: Vergewaltigung, Essstörungen, Ängste …

Warum lässt Gott so viel Leid zu? Er ist doch mächtig. Alles ist in seiner Hand. Wozu dann das alles?

Ich weiß es nicht. Ich weiß nur, dass Gott gut ist. Es ist nie seine Absicht gewesen, uns zu quälen. Er hat gute Gedanken über uns und will nur das Beste für uns: »»Denn ich weiß genau, welche Pläne ich für euch gefasst habe‹, spricht der Herr. ›Mein Plan ist, euch Heil zu geben und kein Leid. Ich gebe euch Zukunft und Hoffnung‹« (Jeremia 29,11; NL).

Ich habe schon immer daran geglaubt, dass Gott allem einen Sinn gibt, auch den Dingen, die wir nicht verstehen oder die so grausam für uns scheinen. Mein Vertrauen darauf wurde im Februar 2009 auf eine harte Probe gestellt.

Ich hatte vorher noch nie einen mir nahestehenden Menschen verloren und dachte, die ersten würden meine Großeltern sein. Nie hätte ich an meine kleine Schwester gedacht. Sie war erst 17 und kam bei einem Unfall ums Leben. Ich war gerade im dritten Monat schwanger. Mir schien, als würde sich ein großes, schwarzes Loch vor mir auftun. Ich empfand eine unbeschreibliche Leere. Sie war weg – einfach so. Ich kann bis heute nicht begreifen, wie ein Mensch einfach so weg sein kann. Wir haben so vieles gemeinsam erlebt! Auf Fotos steht sie neben mir. Und plötzlich ist sie – nicht mehr da.

In den nächsten Wochen hatte ich das Gefühl, in diesem schwarzen Loch zu versinken. Immer wieder dachte ich, den Boden endlich erreicht zu haben, aber dann fiel ich wieder ins Leere.

Und Gott? Wo war er in dieser Zeit? Es hat lange gedauert, bis ich ihn wieder an mich herangelassen habe. Ich fragte nach dem Warum und dem Was-wäre-gewesen-wenn. Beten konnte ich wochenlang nicht richtig. Ich war hin- und hergerissen zwischen »Gott, warum hast du das nicht verhindert?« und »Gott, ich hab echt gar keine Ahnung, warum du das zugelassen hast, aber ich weiß, dass das Ganze einen Sinn haben muss«. Ich danke Gott, dass mein Vertrauen in ihn größer war als die Fragen. Und trotzdem konnte ich seinen Trost nicht ertragen. Er ging mir zu nah und ich wollte diese Nähe nicht. Ich wollte nicht akzeptieren, dass das alles Wirklichkeit war.

Doch mit der Zeit konnte ich mich wieder auf ihn einlassen und er umhüllte mich mit seiner Liebe. Dass er die ganze Zeit treu neben mir stand, hat mir deutlich gezeigt, dass Gott wirklich gut ist. Er gab mir zwar keine Antwort auf mein Warum. Doch ein halbes Jahr vor dem Unfall schenkte er mir die Möglichkeit, mich von meiner Schwester zu verabschieden, ihr alles zu sagen, auch, dass ich sie liebe. Dafür bin ich ihm unendlich dankbar.

Gott füllte die Leere in mir nicht. Die bleibt, denn meine Schwester kommt nicht wieder. Aber es ist mir jetzt nicht mehr so wichtig, alle Antworten zu kennen. Er weiß, warum alles so passiert ist. Er ist gut. Und er ist da. Das reicht mir.

Glaubst du, dass Gott gut ist? Dass er so richtig vollkommen gut ist und absolut nur das Beste für dich will? Dass er dir Zukunft und Hoffnung schenken möchte?

Glaubst du daran, dass Gott sich etwas dabei gedacht hat, dich genau zu diesen Eltern zu schicken?

Glaubst du daran, dass das Leid in dieser Welt von Menschen verursacht wird und dass es gut ist, dass Gott es nicht immer verhindert?

Glaubst du nicht auch, dass es ohne Gott in dieser Welt noch viel, viel schlimmer zugehen würde?

Wenn du einsam bist, Angst hast, in einem tiefen Loch festsitzt und nicht mehr klar denken kannst, merk dir nur diesen einen Satz: »GOTT IST GUT!«

Und auch wenn es dir so vorkommt, als ob er ganz weit weg ist und dich vergessen hat: Er ist dir ganz nah. Lies noch mal den Vers am Anfang dieser Andacht. Gerade wenn es dir schlecht geht, trägt er dich auf Händen. Gott ist bei dir. Und Gott macht dich wieder heil.

Wenn es dir so geht wie mir nach dem Tod meiner Schwester, dann such dir jemanden, der an deiner Stelle betet und dir immer wieder sagt: »Gott ist gut!«

MITTEN INS LEBEN

Schreibe deinen eigenen Klagepsalm. Das Buch der Psalmen ist voll davon. Lies dir zum Beispiel den 6. oder den 13. Psalm durch. Fällt dir am Ende etwas auf? Jeder Klagepsalm endet zuversichtlich und mit einem Lob an Gott. Schreibe deine Warum-Fragen auf, bring alles, was dir auf dem Herzen liegt, vor Gott. Und zum Schluss kannst du Gott dafür danken, dass er alles in seiner Hand hält und vollkommen gut ist.

≈

Der Herr ist gütig. In schweren Zeiten ist er eine feste Zuflucht,
und er kennt alle, die bei ihm Schutz suchen.

NAHUM 1,7; NL

Überlasst all eure Sorgen Gott,
denn er sorgt sich um alles, was euch betrifft!

1. PETRUS 5,7; NL

Wie Federn im Wind

JULIA NEUDORF

Meine geliebte Tochter,

ich habe dich wundervoll geplant. Du bist nach meinem Bild geschaffen. Alles an dir ist von mir persönlich ausgesucht. Alles hat eine bestimmte Funktion. Du kannst deine Arme gebrauchen, um tatkräftig anzupacken, deine Hände benutzen, um etwas zu gestalten, deinen Mund, um zu lächeln. Ein Körperteil habe ich mit besonders großer Kraft ausgestattet: deine Zunge. Du kannst mit ihr – und meiner Hilfe – große Dinge vollbringen: Menschen helfen, die mit Fragen des Lebens nicht zurechtkommen; sie trösten oder ihnen einen Rat geben. Du kannst sie herausfordern und ermutigen, auch große Dinge zu wagen. Und mit deiner Zunge habe ich dich auch ausgerüstet, anderen Menschen von mir zu erzählen.

Mit deiner Zunge kannst du viel ausrichten, aber auch viel anrichten – im negativen Sinn. Wähle deshalb deine Worte sorgsam. Überlege dir genau, ob das, was du sagen möchtest, gut und notwendig ist oder andere Menschen verletzt. Und dann gebrauche deinen Mund, um Gutes zu reden!

Kein böses Wort darf über eure Lippen kommen. Vielmehr soll das, was ihr sagt, gut, angemessen und hilfreich sein; dann werden eure Worte denen, an die sie gerichtet sind, wohltun.

EPHESER 4,29; NGÜ

Wenn wir Mädels unter uns sind, haben wir leider den Ruf, ständig zu tratschen und über andere zu lästern. (Manche Jungen glauben auch, wir würden ausschließlich über Schminke reden.) Ich würde nie behaupten, dass wirklich alle Mädchen lästern, aber dennoch ist es so, dass es uns – dem weiblichen Geschlecht – schon schwerer fällt, nicht über andere zu reden. Es ist ja auch wirklich interessant zu erfahren, wer in wen verliebt ist, wer gerade Streit oder auch nur 'ne neue Frisur hat. Ich persönlich bin vom Charakter her auch ziemlich neugierig und wirklich interessiert an anderen Menschen. Ich weiß aber auch, dass diese Eigenschaften mich sehr schnell dazu verleiten zu tratschen. Früher sagten wir unter uns Freundinnen immer: »Wir lästern nicht, wir tauschen nur Fakten aus.« Was natürlich nur eine andere Umschreibung für den gleichen Gesprächsstoff war. Denn bei den »Fakten« blieb es leider selten. Es wurde noch kommentiert, kritisiert ... Und wir waren uns meist einig, dass wir immer alles anders und natürlich besser gemacht hätten als die Person, über die wir gerade redeten! Ja, früher habe ich wirklich gedacht, dass es vollkommen okay sei, »Fakten auszutauschen«. Es ist ja gar nichts Schlimmes daran, oder? Mittlerweile muss ich sagen, dass sich mein Denken über dieses Thema erheblich geändert hat. Nicht nur, dass ich mir irgendwann eingestehen musste, dass es nicht nur darum ging, »Fakten auszutauschen«, sondern darum, über andere zu urteilen. Ich habe also angefangen, mich zu fragen, warum wir Mädels so gerne tratschen – und mir ist aufgefallen, dass oft ganz viel Neid im Spiel ist. Das wollte ich mir natürlich nicht eingestehen! Aber aus meiner Sicht ist es der Grund Nummer 1, warum wir so gerne tratschen. Wir reden schlecht über die anderen, und das lässt uns ganz automatisch in einem besseren Licht dastehen. Das Problem an der Sache ist, dass unser Gerede viel größere Konsequenzen hat, als wir denken, besonders für die Personen, die nicht anwesend sind.

Ich möchte dir eine Geschichte erzählen, die einer meiner Bibelschullehrer uns mal erzählt hat. Sie verdeutlicht sehr gut, welche Auswirkungen unser Tratschen hat:

Eine junge Frau, nennen wir sie Sarah, hatte ein mehr oder weniger böses Gerücht über ihren Pastor gehört und weitererzählt. Es vergingen ein paar Tage, und es stellte sich heraus, dass an dem Gerücht kein Fünkchen Wahrheit dran war. Sarah wurde klar, dass sie ihrem Pastor Unrecht getan hatte. Nachdem sie eine Weile mit sich gekämpft hatte, rang sie sich durch und ging zu ihrem Pastor, um sich persönlich bei ihm zu entschuldigen. Er hörte sich auch ihre Entschuldigung an. Nach einigen Augenblicken der quälenden Stille sagte er zu Sarah: »Nimm dir ein Federkissen, öffne es und verteile den Inhalt des Kissens auf dem Weg von meinem bis zu deinem Haus. Morgen früh geh noch einmal diesen Weg ab und sammle alle Federn, die du finden kannst, ein und bring sie mir zurück.« Etwas verdutzt nahm Sarah das Kissen und befolgte die Anweisungen ihres Pastors, auch wenn sie nicht wusste, was die ganze Sache sollte. Vielleicht sollte es eine Strafe sein? Am Morgen stand Sarah schon früh auf und ging den Weg aufs Neue ab, aber alles, was sie finden konnte, waren drei einzelne Federn. Die anderen hatte der Wind in alle Himmelsrichtungen zerstreut. Mit den Federn in der Hand klingelte sie erneut an der Tür des Pastors und übergab sie ihm. Ihr Pastor bat sie herein, um ihr den Sinn dieser Aufgabe zu erklären. »Ich kann dir verzeihen, dass du falsche Dinge über mich verbreitet hast, aber du kannst die Konsequenzen leider nicht wieder rückgängig machen. So, wie die Federn in alle Richtungen verstreut wurden, hat sich auch dieses Gerücht über mich ausgebreitet – und das kannst du leider nicht mehr zurücknehmen.«

Du siehst: Wenn wir tratschen oder Gerüchte verbreiten, verletzen wir nicht nur die betreffende Person, sondern es entwickeln sich Dinge, die wir irgendwann nicht mehr überblicken können. Wir sollten uns also immer wieder die Macht unserer Worte bewusst machen und unsere Zeit nicht damit verschwenden, über andere zu tratschen. Ich denke, dass Gott ein besonderes Interesse an anderen Menschen in uns hineingelegt hat, aber nicht, um sie mit unbedachten Worten zu verletzen. Er wünscht sich, dass wir Gutes über andere reden und sie ermutigen.

MITTEN INS LEBEN

- *Sei in dieser Woche besonders vorsichtig mit den Worten, die du aussprichst. Denk darüber nach, ob sie eine positive oder eine negative Wirkung haben. Wenn du dir mal nicht sicher bist, dann schweig einfach. Es ist oft viel besser zu schweigen, als dummes Zeug zu quatschen.*
- *Wenn das Tratschen eins deiner größten Probleme ist, dann bitte Gott um Vergebung, aber vor allem um seine Hilfe, dein Verhalten zu verändern. Wenn dir klar wird, dass du andere dadurch verletzt hast, dann ist es vielleicht jetzt dran, hier etwas in Ordnung zu bringen und die betreffenden Personen um Vergebung zu bitten.*
- *Sprich das Thema mal in deinem Freundeskreis an. Es wäre doch super, wenn ihr ein Abkommen treffen könntet, nicht mehr zu lästern. Dann helft ihr euch sogar gegenseitig dabei, nicht mehr zu tratschen.*

∿

Wenn jemand sich für fromm hält, aber seine Zunge
nicht im Zaum halten kann, betrügt er sich selbst,
und seine Frömmigkeit ist nichts wert.

JAKOBUS 1,26; NGÜ

Genauso ist es mit der Zunge: Sie ist nur ein kleines Organ unseres Körpers und kann sich doch damit rühmen, große Dinge zu vollbringen. Wie ist es denn beim Feuer? Ein Funke genügt, um einen ganzen Wald in Brand zu setzen! Auch die Zunge ist ein Feuer; sie ist – mehr als alle anderen Teile des Körpers – ein Mikrokosmos unserer unheilvollen Welt. Unser ganzes Wesen wird von ihr vergiftet; sie setzt die gesamte menschliche Existenz in Brand mit einem Feuer, das die Hölle selbst in ihr entzündet.

JAKOBUS 3,5-6; NGÜ

Dein Körper –

ein geniales Geschenk

REGINA NEUFELD

Meine wunderschöne Tochter,

du bist mein Meisterwerk! Obwohl dein Körper vergänglich ist, habe ich mir jedes Detail genau überlegt und dich mit Sorgfalt und Liebe erschaffen. Noch bevor du geboren wurdest, wusste ich genau, wie du einmal aussehen würdest. Dein Körper ist mein Geschenk an dich, weil er perfekt zu dir passt. Und nun wohne ich darin, und ich wünsche mir, dass du mein Zuhause wertschätzt und auf seine Gesundheit und Reinheit achtest. Aber schenke deinem Körper nicht zu viel Aufmerksamkeit, denn das würde dich von mir ablenken. Doch indem du auf ihn aufpasst, zeigst du mir, dass du mein Geschenk wertschätzt und bereit bist, dich ganz für mich einzusetzen.

… wisst ihr nicht, dass euer Leib ein Tempel des Heiligen Geistes in euch ist, der in euch lebt und euch von Gott geschenkt wurde? Ihr gehört nicht euch selbst.

1. KORINTHER 6,19; NL

Hast du schon mal für jemanden ein Geschenk selber gemacht? Ein Bild für deine Eltern gemalt, als du klein warst, oder dir etwas total Kreatives für deine Freundin zum Geburtstag überlegt? Sicher hast du dir gewünscht, dass der oder die Beschenkte diese Kostbarkeit in Ehren hält, weil du so viel Mühe hineingesteckt hast. Wenn deine Eltern dein Kunstwerk in einem Bilderrahmen an die Wand gehängt haben oder dir nach vielen Jahren zeigen, dass sie keines deiner Kunstwerke weggeworfen, sondern alle gesammelt und sorgfältig aufbewahrt haben, spürst du sicher, wie sehr sie diese Geschenke und damit dich wertschätzen.

Dein Körper ist ein Geschenk von Gott an dich. Er hat ihn extra für dich kreiert und viel Liebe in die Anfertigung gesteckt. Im Bauch deiner Mutter hat er dich geformt (Psalm 139,13) und sich jedes Detail genau überlegt. Wie gehst du mit diesem Geschenk um? Schätzt und pflegst du es? Hier geht es nicht nur darum, dass du auf Körperhygiene wie das regelmäßige Duschen und Haarewaschen achtest. Deinen Körper wertzuschätzen bedeutet auch, ihn ausreichend und gesund zu ernähren, zu lernen, seine Sprache zu verstehen, und darauf aufzupassen, dass es ihm gut geht.

Ich muss ehrlich sagen, ich bin da nicht das beste Vorbild. Manchmal fällt es mir selbst schwer, auf das zu hören, was mein Körper mir sagen will. Zum Beispiel, wenn mein Magen sich verkrampft oder mir mein Rücken deutlich zu verstehen geben möchte, dass ich eine Pause brauche. Inzwischen weiß ich aber, dass Schlafstörungen mir sagen wollen, dass etwas in meinem Leben nicht stimmt. Oder dass mein Zahnfleisch besonders intensive Pflege braucht, damit es sich nicht ständig entzündet. Eigentlich wusste ich das schon lange – und trotzdem war es mir einfach nicht so wichtig. Wenn ich jetzt darüber nachdenke, was ich Gottes Geschenk an mich dadurch angetan habe, dass ich meine Krankengymnastik zu Hause nicht fortgesetzt habe, macht mich das wirklich traurig. Ich war es mir damals nicht wert, und häufig bin ich immer noch zu faul, mich regelmäßig zu bewegen, obwohl ich weiß, wie wichtig das für meine Gesundheit ist.

Aber mir wird jetzt immer klarer, dass es nicht nur darum geht, mir damit Gutes zu tun, wenn ich auf meinen Körper achtgebe, sondern vor allem darum, Gott zu ehren, indem ich darauf aufpasse, was er mir anvertraut hat.

Dein Körper ist nicht nur ein Geschenk, sondern auch die Wohnung von Gottes Heiligem Geist. Eigentlich ist er noch viel mehr als eine normale Wohnung. Er ist ein Tempel. Als die Israeliten – Gottes auserwähltes Volk – den ersten Tempel gebaut haben, scheuten sie keine Kosten und Mühen, um jeden Winkel mit einem besonderen Detail zu verzieren. Sie verwendeten die edelsten Materialien, und alle Geräte, die für die Arbeit im Tempel benutzt wurden, waren sehr kostbar. Es war ein ganz heiliger Ort.

Doch irgendwann verlor der Tempel diese Bedeutung. Als Jesus auf der Erde war und sah, was die Menschen aus dem Wohnort Gottes gemacht hatten, wurde er sehr zornig. Der besondere Ort des Gebets wurde missbraucht, um dort Geschäfte zu machen, anstatt Gott anzubeten. Es war eine »Räuberhöhle« daraus geworden (siehe Matthäus 21,13; ELB).

Manche Menschen machen aus ihrem Körper auch eine Art »Räuberhöhle«. Sie vernachlässigen ihn, missbrauchen ihn – zum Beispiel durch Alkohol oder Nikotin – oder vergöttern ihn, indem sie Körperkult betreiben: Sie investieren sehr viel Zeit, Geld und Energie in sich selbst, verbringen täglich Stunden mit Fitnesstraining, sind sehr pingelig beim Essen, um bloß kein Gramm zuzunehmen, und jede Haarsträhne muss richtig sitzen.

Wenn wir dem eigenen Körper eine so große Bedeutung zumessen oder ihn nachlässig behandeln, betrachten wir ihn nicht mehr als Geschenk Gottes.

Gott hat dir deinen Körper geschenkt, damit du ihn pflegst und rein hältst. Halte alles von ihm fern, was ihm schadet – Nikotin und andere Drogen, aber auch ungesundes und fettiges Essen. Auch ein falscher Umgang mit Sexualität schadet ihm. Wer ein ausschweifendes Sexleben hat, Sexualität außerhalb der Ehe lebt oder in die

Abhängigkeit von Pornografie oder Selbstbefriedigung gerät, verliert sein gesundes Körpergefühl. Du sollst nicht Sklave deines Körpers werden.

Vielleicht stehst du auch in der Gefahr, deinen Körper zu vernachlässigen, zum Beispiel, indem du zu wenig schläfst oder dich kaum bewegst. Wenn du keinen Bezug mehr zu deinem Körper hast oder extrem auf dein Gewicht achtest, kann das tiefer liegende Ursachen haben, wie Verletzungen aus deiner Vergangenheit, die du noch nicht verarbeitet hast. Dann solltest du bald mit jemandem darüber reden. Gott will und kann dich da rausholen!

Achte auf deinen Körper. Tu ihm Gutes (natürlich ohne es zu übertreiben). Mach dir immer wieder klar, was für ein wertvolles Geschenk von Gott er ist und dass sein Geist in diesem Tempel wohnt. Richte ihm ein ehrenvolles Zuhause ein!

MITTEN INS LEBEN

Wie fühlst du dich bei dem Gedanken, dass dein Körper ein kostbares Geschenk von Gott an dich ist?
Gibt es in deinem Leben Dinge, die du lassen solltest, weil sie deinem Körper schaden?
Wie sehr drehen sich deine Gedanken um dein Aussehen?
Auf welche Weise willst du deinem Körper Gutes tun, um Gottes Geschenk zu ehren? Schreibe auf, wie du ein heiliges Zuhause für Gottes Geist schaffen willst.

∼

Lasst keinen Teil eures Körpers zu einem Werkzeug für das Böse werden, um mit ihm zu sündigen. Stellt euch stattdessen ganz Gott zur Verfügung, denn es ist euch ein neues Leben geschenkt worden. Euer Körper soll ein Werkzeug zur Ehre Gottes sein, sodass ihr tut, was gerecht ist!

RÖMER 6,13; NL

Nicht mehr ich bin es, der lebt, nein, Christus lebt in mir.

GALATER 2,20A; NGÜ

Die Sache mit der Angst

REGINA NEUFELD

Mein liebes Kind,

*renn nicht weg, wenn Sorgen und Ängste dich verfolgen.
Oft suchst du Schutz in der Einsamkeit oder in der Dunkelheit.
Du meinst, allein damit zu sein, und fühlst dich hilflos und
verzweifelt. Doch ich bin bei dir. Ich bin dein Gott. Ich helfe dir,
unterstütze dich und werde gegen deine Ängste siegen, denn ich
habe die Welt mit all ihren Gefahren überwunden. Du brauchst
dich nicht zu fürchten, du bist mein. Ich bin deine Zuflucht und
Stärke. Selbst wenn dein Leben über dir zusammenzustürzen
scheint und du keinen Ausweg mehr siehst, darfst du wissen, dass
ich dich nie verlasse und immer auf dich aufpasse. Renn nicht
weg, meine Tochter, sondern dreh dich um und spring in meine
starken Arme. Ich bin da!*

In der Welt habt ihr Angst; aber seid getrost,
ich habe die Welt überwunden.

JOHANNES 16,33B; LU

Angst ist wichtig. Sie dient als Schutz in Gefahren. Würden wir keine Angst kennen, würden wir uns in alle möglichen Gefahren begeben und viel zu große Risiken eingehen. Doch meistens nehmen wir Angst sehr negativ wahr. Vielleicht sind wir aufgrund einer schlechten Erfahrung in einer gewissen Situation unruhig oder ergreifen die Flucht. Ich nahm die Schule immer sehr locker, pendelte mich gut im Durchschnitt ein und fühlte mich dort ganz wohl. Während meines Bibelstudiums allerdings bekam ich sehr gute Noten. Besonders in Griechisch gehörte ich zu den Besten. Anfangs hat mich das echt gefreut, doch irgendwann merkte ich, wie ich mich immer mehr unter Druck setzte. Ich wollte auf keinen Fall versagen, ich musste wieder eine Eins bekommen. Das wurde schließlich so schlimm, dass ich selbst Tage vor einem kleinen Test angespannt war und nicht richtig schlafen konnte. Dann kamen Zittern, Schweiß und Kälteschauer, manchmal auch Magenkrämpfe hinzu. Mein Herz klopfte immer schneller und meine Gedanken rasten. Zum ersten Mal in meinem Leben wusste ich, was Prüfungsangst ist oder auch die Angst zu versagen.

Vielleicht geht es dir ähnlich. Heutzutage wird man ja häufig nach seiner Leistung bewertet. Schnell passiert es dann, dass wir an uns selbst einen hohen Leistungsanspruch haben. Wir wollen gut abschneiden. Wir wollen andere nicht enttäuschen. Und dann kommt die Angst dazu: die Angst, Eltern oder Lehrer zu enttäuschen, oder die Angst vor Strafe, wenn eine schlechte Note unter dem Mathe-Test steht.

Es gibt wahrscheinlich so viele unterschiedliche Ängste wie es Menschen gibt: die Angst, abgewiesen zu werden, oder die Angst vor zu viel Nähe, Angst vor Dunkelheit, vor Unsicherheit, vor Trennung usw. Manchmal ist es auch eine nicht zu greifende Furcht, die uns überfällt. Ist es die Angst vor der unbekannten Zukunft? Vor dem Tod?

Angst kann einen Menschen richtig lähmen. Viele fliehen in Dinge, die die Angst betäuben, wie zum Beispiel Alkohol oder Drogen, weil sie einfach nicht wissen, wie sie ihre Furcht sonst loswerden können. Aber was kann uns wirklich von der Angst befreien? Meine Kinder haben schreckliche Angst vor Hunden. Wir müssen immer aufpassen, dass sie bei einem Spaziergang nicht zu weit nach vorne laufen, denn falls ihnen plötzlich ein Hund entgegenkommen würde, könnten sie sich nicht Hilfe suchend an unser Bein klammern oder in unsere Arme springen. Es tut mir selbst immer weh, wenn ich sehe, wie panisch mein Sohn losschreit, wenn sich ein Hund in seine Richtung bewegt. Andererseits weiß ich auch, dass er sich bei uns gut aufgehoben fühlt. Er sucht bei meinem Mann und mir Schutz, und sobald er auf unserem Arm ist, fühlt er sich sicher und wird wieder ruhig.

Genau dasselbe können wir tun, wenn uns die Angst überfällt. Spring in Gottes Arme, leg deinen Kopf auf seine Schulter und schling deine Arme um seinen Hals. Er hält dich ganz fest und du kannst wieder befreit durchatmen.

Als Jesus kurz vor seiner Gefangennahme betete, hatte er selbst »schreckliche Furcht und Angst« (Markus 14,33; NL). Das bedeutet, er versteht dich nur zu gut, wenn du dich fürchtest. Er kann deine Gefühle total gut nachvollziehen. Die Angst wird erst in der Ewigkeit bei Gott ein Ende haben (das steht in Offenbarung 21,4). Doch auch wenn wir uns hier auf der Erde immer wieder ängstigen – Jesus sagt: »Fürchtet euch nicht« (zum Beispiel in Matthäus 14,27). Er will dir deine Ängste nehmen, egal, was für Gründe sie haben oder wie stark sie dich verfolgen.

Er befreit dich von der Menschenfurcht (Hebräer 13,6).

Er nimmt dir deine Zukunftsängste (Jeremia 29,11).

Er kümmert sich um all deine Bedürfnisse (Matthäus 6,25).

Er bietet dir Schutz in Gefahren (Psalm 46,2–4).

Gott ist mächtig. Er schenkt dir Geborgenheit. Er ist dein liebender Vater, der dich in seinen Armen hält. Und selbst wenn alles schiefzulaufen scheint, kennt er einen Ausweg und erfüllt dich mit der nötigen Kraft. In Psalm 34,5 beschreibt David, welche Erfahrung er gemacht hat: »Ich betete zum Herrn, und er antwortete mir und befreite mich von allen meinen Ängsten« (NL). Auch du kannst diese Freiheit erleben. Zieh dich an einen ruhigen Ort zurück und breite vor Gott alles aus: wovor du dich fürchtest und was diese Angst mit dir macht. Und dann wirf alle deine Sorgen auf Gott, wie es in 1. Petrus 5,7 steht. Lass sie dann aber auch los, damit Gott sich darum kümmern kann.

Ich brauchte eine Weile, um zu erkennen, dass mein Wert nicht davon abhängt, was ich leiste, oder davon, ob alles so läuft, wie ich es geplant habe. Seit ich verstanden habe, dass Gott sich um alles kümmert, kann ich gelassen in die Zukunft sehen. Manchmal kommt die Angst doch zurück und ich frage mich: Was passiert, wenn …? Doch dann werde ich mir neu der Treue Gottes bewusst und werde ganz ruhig. Das hilft mir, im Heute zu leben, mich weder von Vergangenheit noch von der Zukunft niederdrücken zu lassen.

Das Leben ist ein Geschenk von Gott und du darfst es genießen. Gott sorgt für dich und passt auf dich auf. Du darfst dich vertrauensvoll an ihn wenden, wenn dich Sorgen und Ängste quälen, und er wird dich dazu befreien, die Schönheit des Lebens wiederzuentdecken!

MITTEN INS LEBEN

Denke an eine typische Situation, in der dich die Angst gerne packt. (Das kann eine schwere Klassenarbeit sein oder auch eine große Menschenansammlung.) Was nimmst du in deinem Körper wahr? Was sind deine Gedanken? Und nun lies dir die Bibelverse unten durch, immer wieder, bis du zur Ruhe kommst und deine Angst bei Gott lassen kannst. Es kann auch helfen, dies mit einer anderen Person zusammen zu tun, wenn du zu fest in deinen Gedanken der Angst drinsteckst, um noch einen anderen Gedanken zuzulassen. Betet zusammen. Gott will dich frei machen!

~

Rufe mich an in der Not, so will ich dich erretten,
und du sollst mich preisen.

PSALM 50,15; LU

Fürchte dich nicht, denn ich bin bei dir. Sieh dich nicht ängstlich
nach Hilfe um, denn ich bin dein Gott: Meine Entscheidung für dich
steht fest, ich helfe dir. Ich unterstütze dich, indem ich mit meiner
siegreichen Hand Gerechtigkeit übe.

JESAJA 41,10; NL

Der Sumpf des Selbstmitleids

REGINA NEUFELD

Mein geliebtes Kind,

deine Gefühle scheinen dich manchmal zu überwältigen. Alles erscheint plötzlich grau und leer. Du fühlst dich allein, verlassen, unverstanden. Und wenn du nicht aufpasst, versinkst du in einem Sumpf von negativen Gedanken – über dich, über andere Menschen, über das Leben. Und du verlierst die Hoffnung. Es gibt diese Zeiten der Trauer. Sie gehören dazu, solange du noch auf der Erde lebst. Aber es gibt auch Zeiten, in denen du lachen und tanzen sollst. Erfreue dich am Leben, und sieh auf das Gute, das ich dir geschenkt habe, und sei dankbar dafür. Kämpfe gegen den Gedanken an, dass du es nicht schaffst. Ich lasse nicht zu, dass du eine Last aufgebürdet bekommst, die du nicht tragen kannst.

Denk immer daran: In deinem Leben geht es nicht um dich, sondern um deine Beziehung zu mir. Wenn du das begreifst, wirst du frei von dem Zwang, dich um dich selbst zu drehen, ständig nach Glück und Erfüllung zu suchen. Suche mich und ich werde dich mit meiner Liebe überwältigen.

Er [Elia] aber ging allein eine Tagesstrecke weit in die Wüste. Schließlich sank er unter einem Ginsterstrauch nieder, der dort stand, und wollte nur noch sterben. »Ich habe genug, Herr«, sagte er. »Nimm mein Leben, denn ich bin nicht besser als meine Vorfahren.«

1. KÖNIGE 19,4; NL

Der Prophet Elia wird häufig als das biblische Beispiel für einen Menschen, der Burn-out erleidet, angeführt. Er hat gerade eben einen großen Sieg errungen und den Baalspriestern so richtig gezeigt, wer der wahre Gott ist. Das war ganz sicher ein heftiger Kraftakt. Und nun war auch noch sein Leben in Gefahr … Er sah keinen anderen Ausweg als die Flucht in die Wüste. Dort sank er erschöpft nieder und wollte nur noch sterben.

Dieser Mann hatte wirklich Grund zur Angst. Doch fällt dir auf, wie viel er in diesen beiden Versen von sich redet? Er habe doch so viel Gutes im Namen Gottes bewirkt. Doch nun, so klagt er Gott, sei er ganz allein. Alle seien gegen ihn.

Kommen dir solche Gedanken bekannt vor? Ich glaube nämlich, dass wir Mädels noch viel schneller dazu neigen, im Sumpf des Selbstmitleids zu versinken.

Wieder einer dieser kalten Tage.
Januar – der erste Monat des Jahres.
Ich will raus, doch es ist zu kalt.
Ich kann nicht.
Ich will an den See,
Mich auf eine Bank setzen
Und den Rauch beobachten,
Der den Schornsteinen der Häuser entflieht.
Ich wünschte, ich könnte so sein wie er.
Ich will auf dem gefrorenen See gleiten
Und mir vorstellen,
Wie ich über mein Dach fliege.
Doch stattdessen sitze ich hier –
In meinem Haus.
Ich will raus,
Doch ich kann nicht.
Es ist zu kalt.

Dieses Gedicht habe ich während meiner Schulzeit geschrieben. Uns waren einige Wörter vorgegeben und das ist bei mir herausgekommen. Ich mochte es schon immer, Gedichte und Geschichten zu schreiben, doch irgendwie entstanden immer solche melancholischen Texte. Hättest du mir damals gesagt:»Ach Regina, komm endlich raus aus deinem Loch. Du suhlst dich geradezu im Selbstmitleid«, hätte ich losgeheult und mich noch tiefer vergraben. Heute weiß ich, dass es genau so war. Ich steckte fest in diesem Sumpf.

Die Teeniejahre sind nicht ohne. Man weiß noch nicht recht, wer man ist und wo man hingehört. Und es passiert viel Schlimmes und Ungerechtes. Die Gefahr ist jedoch, dass man sich irgendwann so richtig wohl in diesem Loch fühlt. Es ist zwar keine so tolle und charmante Idee von mir, uns Mädels mit einem Schwein zu vergleichen, aber ich will es trotzdem mal tun. Ist dir schon mal aufgefallen, wie wohl sich diese Tiere in Schlamm und Dreck fühlen? Für Schweine ist dieser Lebensraum genau der richtige Ort, aber wir gucken uns das an und denken: Das ist ja widerlich!

Ich habe es mir auch viele Jahre in diesem Dreck gemütlich gemacht. Ich sprang hinein in den Sumpf und dachte, wie ungerecht diejenigen waren, die mich da hineingeschubst hatten. Der markante Duft meiner Ichzentriertheit und der Schlamm auf meinem Kopf, der mich als Opfer kenntlich machen sollte, führten dazu, dass ich mich noch mehr von anderen abkapselte. Irgendwann wurde mir alles zu schwer, meine Arme hatten keine Kraft mehr, mich aus dem Loch rauszuziehen, weil der Schlamm des Selbstmitleids mich schon so tief runtergezogen hatte. Ich war wie gelähmt, ohnmächtig.

Am Anfang fühlte es sich gut an, sich selbst zu bemitleiden – für kurze Zeit. Manchmal ist Selbstmitleid nämlich ganz praktisch. Du musst dich nicht mit den eigenen Fehlern beschäftigen. Die anderen sind schuld an deinem Unglück. Und wenn sie dann auch noch Schuldgefühle bekommen, weil sie dir so schlimme Dinge angetan haben, umso besser … Doch irgendwann merkst du, dass du in der Falle sitzt.

Auch wenn du allen Grund zur Klage hast, bewirkt das Selbstmitleid, dass du dich die ganze Zeit in der Vergangenheit bewegst, alles negativ siehst und dich nur noch um dich selbst drehst.

Natürlich darfst du traurig sein. Wenn dir etwas Schlimmes passiert, sollst du deine Trauer zulassen. Und die Erkenntnis, dass du ein Sünder bist, ist wichtig, weil sie dir bewusst macht, dass du Gottes Rettung brauchst. Aber Selbstmitleid bewirkt Hoffnungslosigkeit, nimmt dich gefangen und zieht dich immer weiter runter.

Was erwartest du von dir selbst? Was von anderen? Dass sie dich glücklich machen, dich vollkommen verstehen und immer für dich da sind? Mit dieser Einstellung wirst du immer wieder in den tiefen Sumpf des Selbstmitleids fallen, weil solche hohe Erwartungen niemand erfüllen kann außer Gott. Wenn wir denken, dass die anderen für mein Glück und Wohlergehen da sind, drehen wir uns immer nur um die eigene Person: MIR soll es gut gehen. Andere sollen MICH mögen. ICH will glücklich sein. MIR ist das zu viel usw.

Wenn du aus dem Sumpf des Selbstmitleids rauswillst, musst du anfangen, deinen Blick von dir selbst abzuwenden. Sieh auf Gott. Denn die Wahrheit ist, dass du bei ihm das findest, was du suchst. Dieser neue Blickwinkel wird dir auch in schwierigen Situationen helfen, nicht immer nur das Negative zu sehen, sondern dich an dem zu erfreuen, was du hast. Und mal ganz ehrlich: Das ist eine Menge!

MITTEN INS LEBEN

Wenn du merkst, dass du wieder anfängst, dich im Selbstmitleid zu suhlen, dann denke an die Menschen um dich herum. »Es ist segensreicher zu geben, als zu nehmen« steht in Apostelgeschichte 20,35 (NL). Statt dein eigenes Glück von anderen Menschen, den Umständen oder deiner eigenen Leistung zu erwarten, danke Gott für all das Gute in deinem Leben. Und dann überleg dir, was du für das Wohlergehen anderer tun kannst.

～

Weinen hat seine Zeit, lachen hat seine Zeit;
klagen hat seine Zeit, tanzen hat seine Zeit.

PREDIGER 3,4; LU

Seid immer fröhlich. (...) Was immer auch geschieht, seid dankbar,
denn das ist Gottes Wille für euch, die ihr Christus Jesus gehört.

1. THESSALONICHER 5,16+18; NL

Schmetterlinge im Bauch

NELLI LÖWEN

Mein liebes Mädchen,

ich schaue dir gerne zu, wenn du in die Schule gehst, wenn du mit deinen Freunden unterwegs bist, wenn du Hausaufgaben machst, wenn du einen Lachkrampf bekommst, wenn du deinem Hobby nachgehst, wenn du schläfst, wenn du aufstehst, wenn du mit mir redest. Ja, immer schaue ich dir dabei zu. Weil ich dich unbeschreiblich liebe. Ich habe dich geschaffen, und ich möchte alles mitbekommen, was in deinem Leben geschieht – und dabei nichts verpassen. Das wird immer so bleiben. Ich liebe dich, mein Kind!

Ich habe dich je und je geliebt, darum habe ich dich
zu mir gezogen aus lauter Güte.

JEREMIA 31,3; LU

Das Gefühl, verliebt zu sein, ist wahrscheinlich eines der intensivsten Gefühle, die man als Mensch erleben kann. Für Verliebte sieht die Welt plötzlich komplett anders aus. Alles bekommt einen rosig schimmernden Glanz. Die Vögel scheinen lauter als sonst zu zwitschern, die Sonne scheint deutlich heller zu strahlen, die Blumen auf der Wiese scheinen farbintensiver zu leuchten ... Im Bauch fliegen mindestens 1.000 Schmetterlinge. Alles kribbelt und tut einfach gut.

Vielleicht bist du ja gerade verliebt. Ich kenne das Gefühl auch ziemlich gut. Ich kann dir gar nicht sagen, wie oft ich für einen Jungen geschwärmt habe oder sogar richtig doll verliebt war! Sehr häufig habe ich mir in meinen Gedanken schon ein rosa Traumschloss gebaut, wenn ein Junge mal richtig nett zu mir war oder mich häufiger angelächelt hat.

Wohl jedes Mädchen sehnt sich nach einem Partner. Doch wäre es nicht schlimm, wenn wir uns einfach aus dem Bauch heraus für jemanden entscheiden würden, nur, weil er nett zu uns ist? Es wäre fatal, wenn wir einfach blind unseren Gefühlen folgen würden, ohne uns darüber Gedanken gemacht zu haben, wie unser Partner sein sollte und was uns persönlich in einer Beziehung wichtig ist. Am besten ist es, wenn du dir darüber im Klaren wirst, bevor du die rosa Brille aufhast. Denn wenn man einmal verliebt ist, kann man in aller Regel nicht mehr unvoreingenommen über die Wahl des richtigen Partners nachdenken.

Vor wenigen Tagen stand ich vor einer Entscheidung, ob ich mit einem tollen Mann zusammenkommen soll. Er sieht super aus, ist beruflich erfolgreich, sehr humorvoll, total ehrlich und einfach jemand, mit dem man gerne viel Zeit verbringt. Trotzdem habe ich mich gegen ihn entschieden. Vielleicht wunderst du dich darüber, denn anscheinend passen doch so viele Dinge perfekt. Das stimmt, doch an dem für mich wichtigsten Punkt passt etwas ganz und gar nicht: Jesus spielt für ihn nicht so eine große Rolle wie für mich. Ich möchte Jesus immer ähnlicher werden und eine intensive Beziehung mit ihm haben. Er findet Jesus zwar gut, aber er liebt ihn nicht. Er hat keine klare Entscheidung für eine Freundschaft mit Jesus getroffen. Das ist für mich natürlich sehr schade, denn sehr gerne wäre ich eine Beziehung mit ihm eingegangen. Aber es ist nun mal für mich extrem wichtig, dass mein Mann Jesus von ganzem Herzen liebt. Das ist für mich die wichtigste Frage bei der Partnerwahl. Wenn er Jesus liebt, dann möchte er sich von Jesus verändern lassen und ihm dienen. Diese Liebe zu Jesus möchte er dann auch unseren Kindern weitergeben – und so werden sie auch von uns *beiden* in der Liebe zu Gott erzogen werden.

Merkst du, was für weitreichende Auswirkungen der Punkt »Mein Partner soll Jesus lieben« hat? Es macht einen großen Unterschied, ob er Jesus lieb hat oder nicht.

Weil es mein persönlicher tiefster Herzenswunsch ist, für Jesus zu leben, möchte ich alles tun, damit diese Beziehung zu ihm stärker wird. Einen Partner zu haben, der Jesus liebt, ist natürlich eine unglaublich große Unterstützung, gerade wenn es einem nicht so gut geht. Dann kann er vielleicht für mich beten und mich ermutigen, weiterhin an Jesus festzuhalten. *Aber es steht ja nicht auf einem Menschen drauf, wie sehr er Gott liebt*, wendest du jetzt vielleicht ein. Ja, natürlich klebt da kein Schild auf der Stirn unseres möglichen Ehemanns. Aber hör doch einmal genau hin, worüber er sich am liebsten unterhält. Was sind seine Lieblingsthemen? Wie und wofür setzt er seine Zeit ein? Wie geht er mit Menschen um? Diese Fragen können dir helfen zu prüfen, wie viel Jesus ihm bedeutet.

Wenn ich zurückdenke und mir überlege, wie oft ich schon in jemanden verliebt war, dann werde ich nachdenklich. Es hat mich ungemein viel Zeit gekostet, an den Schwarm zu denken, von ihm zu reden und vieles mehr. Dabei ging es mir zu der Zeit noch gar nicht um eine Ehe. Es wäre besser gewesen, wenn ich mir klargemacht hätte, dass es bis zu einem gewissen Alter gar nicht so wichtig ist, sich mit diesem Thema auseinanderzusetzen. Viel besser wäre es gewesen, wenn ich, anstatt ständig auf Jungs zu schauen, mehr in meine Freundschaft mit Jesus investiert hätte.

Wenn ich dir einen Tipp geben darf, dann ist es dieser: Investiere in deine Liebesbeziehung mit Jesus und interessiere dich erst danach für Jungs. Deine Beziehung zu Jesus wirst du dein Leben lang haben. Es ist eine Beziehung, die von Gottes Seite aus niemals kaputtgehen wird, daher lohnt es sich total, diese zu pflegen. Beschäftige dich mit Jesus, rede mit anderen über ihn, lass es zu, dass Jesus dein Herz verändert. Er ist total verliebt in dich. Wie schön ist es zu wissen, dass du in dieser Beziehung niemals Liebeskummer bekommen wirst. Er wird dich niemals enttäuschen!

Genau aus diesem Grund darfst du Jesus vertrauen, dass er dir immer genau das geben wird, was du benötigst. Genauso, wie er dich mit Freunden, Kleidung und Nahrung versorgt, wird er auch für den richtigen Partner zur richtigen Zeit sorgen, wenn er meint, dass es für dich dran ist. Ich weiß, dass dies leichter gesagt als gelebt ist. Ich bin mittlerweile 26 – und noch Single. Dennoch vertraue ich Gott zutiefst, dass er mir irgendwann einen Menschen in den Weg stellt, bei dem ich einfach weiß, dass er es ist. Irgendwann werde ich jemanden kennenlernen, der Jesus richtig lieb hat und der auch von seinem Charakter und seinem Wesen her zu mir passt. Bis dahin möchte ich Jesus immer besser kennenlernen und jeden Tag mit ihm leben.

Natürlich sollte ich an dieser Stelle nicht verschweigen, dass nicht jede Frau heiratet. Einige bleiben auch solo. Aber das ist kein Weltuntergang. (Auch wenn wir manchmal denken, dass es eine Katastrophe wäre …) Jesus wird uns unterstützen und uns ein erfüllendes Leben schenken – egal, ob mit oder ohne Partner.

MITTEN INS LEBEN

Schreibe einen Brief an deinen Zukünftigen. Erzähle ihm, dass du geduldig auf ihn warten willst und, bis du ihn kennenlernst, stärker in deine Beziehung mit Jesus investieren möchtest. Rede mit deinem Vater im Himmel über deine Sehnsucht nach einem Partner, über deine Wünsche – und deine Beziehung zu Ihm. Er wird sich sehr freuen, wenn du ihn an die erste Stelle in deinem Leben setzt, denn genau das wünscht er sich von dir.

～

Jesus antwortete: »Du sollst den Herrn, deinen Gott,
lieben von ganzem Herzen, mit ganzer Hingabe und mit
deinem ganzen Verstand!«

MATTHÄUS 22,37; NGÜ

Sorgt euch zuerst darum, dass ihr euch seiner Herrschaft unterstellt,
und tut, was er verlangt, dann wird er euch schon mit all dem
anderen versorgen.

MATTHÄUS 6,33; GN

Nutze deine Zeit

JULIA NEUDORF

Meine geliebte Tochter,

du weißt, dass alles auf dieser Erde durch meine Hand gemacht ist. Ich habe das Land, das Meer, die Tiere und euch Menschen geschaffen. Auch Sonne und Mond sind meine Geschöpfe, durch sie habe ich festgelegt, dass der Tag 24 Stunden hat und die Woche sieben Tage und der siebte Tag ein Tag der Ruhe ist. Ja, auch die Zeit selbst ist in meiner Ideenwerkstatt entstanden. Mit der Erschaffung der Welt habe ich die Zeit ins Dasein gerufen. Du siehst, ich habe mir viele Gedanken um die Schöpfung gemacht und alles liebevoll geplant. Ich halte auch heute noch alles in meiner Hand. Jede Sekunde deines Lebens kommt von mir. Dein Leben ist ein Geschenk von mir. Es werden noch viele Dinge in deinem Leben geschehen, aber alles zu seiner Zeit. Nutze jeden Augenblick, den ich dir gebe. Geh klug mit jeder Sekunde um.

Macht den bestmöglichen Gebrauch von eurer Zeit.

EPHESER 5,16A; NGÜ

7.00 Uhr: Der Wecker klingelt, du drückst noch zweimal auf die Schlummertaste. 7.20 Uhr: Du springst aus dem Bett, läufst ins Bad und machst dich schnell fertig – nur das Nötigste natürlich. 7.35 Uhr: Du gehst in die Küche, suchst etwas, was du auf dem Weg in die Schule schnell essen kannst. Um 7.40 Uhr hetzt du aus dem Haus und schwingst dich auf dein Fahrrad. Pünktlich zum Gong kommst du an der Schule an, deine Kunstlehrerin kommt eh immer etwas später. Heute stehen zwei Stunden Kunst, zwei Stunden Mathe und zwei Stunden Sport auf dem Plan. 13.05 Uhr: Endlich ist die Schule vorbei, gemütlich geht es zusammen mit deinen Freundinnen zu den Fahrradständern. Ihr verquatscht euch ein wenig. Um 14.00 Uhr bist du wieder Zuhause. Da Mama heute arbeitet, musst du dich selber um dein Essen kümmern, also ab in die Küche, Nudeln kochen. 14.30 Uhr: Nudeln mit Tomatensoße werden vor dem Fernseher verspeist. Du döst vor dem Nachmittagsprogramm ein. 16.15 Uhr, das Telefon klingelt, deine Freundin ist am anderen Ende der Leitung und will wissen, wo ihr euch heute treffen wollt. Noch ein bisschen benommen antwortest du ihr knapp:»Um 18 Uhr im Einkaufszentrum, und danach gehen wir zu Nele, das hatten wir doch besprochen!« Du wimmelst sie ab. Mama kommt schon um 17 Uhr nach Hause, und du hast ihr versprochen, die Spülmaschine auszuräumen und den Müll rauszubringen. Jetzt aber Beeilung! Puh, gerade noch so geschafft. Jetzt hast du noch ein bisschen Zeit, um deine Mails zu checken und auf Facebook zu schauen, was es Neues bei deinen Freunden gibt. Oh, deine Freundin hat ein neues Profilbild – klick:»Gefällt mir«! 17.45 Uhr: Du musst dich wieder beeilen. Noch schnell ins Bad, ein bisschen frisch machen und dann ab ins Einkaufszentrum. 18.10 Uhr: Ein wenig zu spät, aber das ist schon okay. Zusammen mit deinen Freundinnen schlenderst du durch das Einkaufszentrum. Nach Ladenschluss geht ihr noch zu Nele, um einen Cappuccino zu trinken. Oh, es ist schon 20.55 Uhr, du musst in 5 Minuten zu Hause sein. Und wieder ist Eile angesagt. Zum Glück wohnt Nele um die Ecke. Zu Hause angekommen, verkrümelst du dich sofort in dein Zimmer, und als du deine Schultasche da so liegen siehst, fallen dir die Mathe- und Englischhausaufgaben wieder ein. Um 21.35 Uhr hast du alle Aufgaben erledigt oder zumindest guten Willen bewiesen. Jetzt noch mal kurz Facebook checken, vielleicht hat ja jemand geschrieben. Ja, Nele ist auch gerade online, dann können wir das Gespräch noch schnell zu Ende bringen, das wir vorhin so abrupt beenden mussten. 22 Uhr: Mama ruft:»Ab ins Bett!« Widerwillig gehst du dir noch schnell die Zähne putzen und fällst dann müde ins Bett.

Kommt dir dieser Tagesablauf irgendwie bekannt vor? Ganz schön vollgepackt und ganz schön viel Gehetze, jedenfalls für meinen Geschmack. Hast du gemerkt, dass eine ganz bestimmte Sache fehlt? Leider ist es oft so, dass wir im Alltagstrott das Wichtigste vergessen: Gott. Oder es gelingt uns allenfalls, ihn irgendwo dazwischenzuquetschen. Der Tagesablauf, den ich eben beschrieben habe, ist sicherlich nicht das beste Beispiel dafür, wie man seine Zeit bestmöglich verwenden kann. Die einzelnen Punkte sind noch nicht mal unbedingt schlecht, nur nehmen sie viel zu viel der Zeit in Anspruch, die uns dann für andere Dinge fehlt. Es ist also eine Frage der richtigen Zeiteinteilung. Wenn du sagst, dass Gott dir wichtig oder sogar das Wichtigste im Leben ist, dann sollte sich das auch in deinem Zeitplan widerspiegeln. Vielleicht wäre es ja eine gute Idee, mal eine halbe Stunde früher aufzustehen (ohne noch zweimal auf die Schlummertaste zu drücken). Du hättest dann Zeit, um mit Gott in den Tag zu starten, und müsstest vielleicht morgens auch nicht mehr so hetzen. Mit der Beziehung zu Gott ist es wie mit der Beziehung zu deinen Freundinnen – sie braucht Zeit. Zeit, in der du redest, und auch Zeit, in der du zuhörst und ihn reden lässt. Um also Platz für die Beziehungspflege zu schaffen, kann unser Zeitplan immer mal wieder einen Frühjahrsputz vertragen. Schau, welche Dinge oder Aktivitäten in deinem Leben »Zeitfresser« sind, und versuche, sie aus dem Weg zu schaffen oder zu reduzieren. Ich weiß, das kann wirklich schwer sein, aber ich will dir Mut machen, an manchen Enden Zeit zu sparen und sie dann an der richtigen Stelle zu investieren. Du wirst merken: Es lohnt sich!

MITTEN INS LEBEN

Wusstest du, dass der durchschnittliche Deutsche 15 Jahre vor dem Fernseher oder dem Computer verbringt? Was geht dir durch den Kopf, wenn du das liest?

Wenn du genau wissen willst, wofür du deine Zeit verwendest, starte doch mal ein Wochenprojekt: Schreib dir genau auf, was du getan und wie viel Zeit du dafür gebraucht hast. So findest du schnell heraus, wofür du deine Zeit verwendest und wo deine »Zeitfresser« versteckt sind.

∿

Alle Zeiten meines Lebens sind in deiner Hand.

PSALM 31,16; NGÜ

Alles hat seine Zeit, alles auf dieser Welt hat seine ihm gesetzte Frist: Geboren werden hat seine Zeit wie auch das Sterben. Pflanzen hat seine Zeit wie auch das Ausreißen des Gepflanzten.

PREDIGER 3,1+2; NL

Liebst du Gott?

NELLI LÖWEN

Mein Mädchen,

heute möchte ich dir eine Frage stellen, die mir persönlich auf dem Herzen brennt. Ja, es ist die Frage, vor der ich manchmal auch etwas Angst habe. Es tut mir nämlich weh, abgewiesen zu werden. Aber dennoch will ich es wissen. Denn ich liebe Klarheit und ich liebe die Wahrheit. Ich möchte dich mit dieser Frage zum Nachdenken herausfordern. Und ich wünsche mir, dass du heute wirklich ehrlich zu dir bist. Es bringt mir und es bringt dir nichts, wenn du einfach unüberlegt das sagst, was ich mir vielleicht auch wünsche zu hören, aber was vielleicht gar nicht der Wahrheit entspricht. Es bringt nichts, weil es in dem Fall oberflächlich wäre und dein Herz vielleicht etwas ganz anderes sagt.
Ich frage dich also: Liebst du mich?
Bitte nimm dir Zeit und denke intensiv darüber nach. Und dann antworte mir in aller Ruhe. Ich gebe dir alle Zeit der Welt.
Aber ich wünsche mir Ehrlichkeit. Was ich nicht mag, ist Heuchelei. Ich wünsche mir, dass du offen bist vor mir. Rede mit mir über deine Gedanken. Rede mit mir über deine Ängste. Rede mit mir über deine Gefühle. Komm zu mir. Ich interessiere mich für dein Leben und für dein Herz.

Du sollst den Herrn, deinen Gott, lieben von ganzem Herzen,
mit ganzer Hingabe, mit deinem ganzen Verstand und
mit aller deiner Kraft!

MARKUS 12,30; NGÜ

Petrus war der Jünger von Jesus, der immer ganz vorne mit dabei war. Er war derjenige, der immer mutig für Jesus eintrat und der bereit war, Jesus überall zu verteidigen. Als die Soldaten kommen, um Jesus zu verhaften, geht Petrus mutig auf einen Soldaten zu und haut ihm das Ohr ab. (Jesus macht es anschließend wieder dran.) Petrus hat ziemlich krasse Dinge gesagt, zum Beispiel:

>Und wenn ich mit dir sterben müsste – ich werde dich niemals verleugnen!«
»Herr, wenn du es bist, dann befiehl mir, auf dem Wasser zu dir zu kommen!«

Es wird von keinem anderen Mann in der Bibel berichtet, der diese verrückte Idee hatte, auf dem Wasser zu gehen. Auf den ersten Blick erscheint so etwas ein wenig albern, aber Petrus meinte es todernst. Sicher haben die anderen Jünger manchmal seinen Glauben und seine Hingabe bewundert. Ja, sie waren vielleicht in einigen Punkten noch nicht so weit wie er. Sterben war für sie vielleicht doch eine Nummer zu heftig. So was wollten sie ihm nicht vorschlagen. Auf dem Wasser gehen – oh Mann, das war auch nicht ohne. Aber Petrus war ein Himmelsstürmer: immer schön mutig voran!

Doch Jesus ließ sich von diesem ersten Eindruck, den Petrus erweckte, nicht blenden. Jesus schaut viel tiefer – in den Kern des Menschen – in das Herz. Ihn beeindruckt nicht das, was auf den ersten Blick toll und bewundernswert aussieht. Er möchte das Herz sehen, die Einstellung und die Motivation ergründen. Und so nutzte Jesus die Gelegenheit, während er mit seinen Jüngern frühstückte, um sich mit Petrus zu unterhalten. Er wollte Petrus herausfordern, über seine Liebe zu Jesus nachzudenken, indem er ihn dreimal fragte: »Petrus, liebst du mich?« Warum wollte er es gerade von Petrus wissen? War es denn nicht offensichtlich, dass Petrus ihn liebte? Er war doch derjenige, der schnell gehandelt hat, wenn Jesus in Gefahr schwebte. Er war doch der, der mutige Sätze in die Luft warf. Und trotz dieser mutigen Worte und Taten möchte Jesus gerade von ihm wissen, wie es um seine Liebe zu ihm – Jesus – aussieht. Jesus machte bei Petrus sozusagen einen Herzcheck. Dabei merkte Petrus auf einmal, wie es um seine Liebe zu Jesus wirklich steht. Was er so schnell und im Brustton der Überzeugung dahingesagt hatte, spiegelte nicht immer sein Innerstes wider, seine Herzenseinstellung.

Diese Geschichte von Petrus bringt mich zum Nachdenken. Wie sieht es in meinem Leben aus? Liebe ich Jesus wirklich? Wie kann ich das erkennen?

Wenn ich so überlege, fällt mir auf, dass Liebe in erster Linie eine Entscheidung ist, die ich treffe. Diese Entscheidung hat Folgen in jedem Bereich meines Lebens. Denn die Entscheidung, Jesus zu lieben, gleicht einem Bund – ähnlich dem Ehebund zwischen Mann und Frau. Wenn ein Paar sich entscheidet zu heiraten, entscheiden sich beide Partner im Normalfall dazu, gemeinsam unter einem Dach zu wohnen, gemeinsam viel Zeit zu verbringen, gemeinsam aufeinander Rücksicht zu nehmen und vieles mehr. Wenn ich mich dafür entscheide, Jesus zu lieben und mit ihm einen Liebesbund einzugehen, wünsche ich mir, dass er Einfluss hat auf jeden Bereich meines Lebens.

Das hört sich schön an. Irgendwie romantisch. Aber oft bin ich mir nicht über die Reichweite meiner Entscheidung im Klaren. Bin ich tatsächlich bereit, *jeden* Bereich meines Lebens ihm zur Verfügung zu stellen, damit er ihn so gebraucht, wie es ihm gefällt? Bin ich wirklich bereit, an meiner Beziehung zu Gott festzuhalten, auch wenn meine Klassenkameraden darüber witzeln und mich vielleicht sogar auslachen? Würde ich mein Ja zu Gott auch dann nicht zurücknehmen, wenn ich deswegen sogar gemobbt würde? Wie stark ist mein Ja zu Gott? Wie sehr liebe ich ihn?

Als ich Studentin war, habe ich mich mit einem großen Schild – »Gebet für dich: gratis!« – in die überlaufene Fußgängerzone gestellt. Viele Menschen sind an mir vorbeigegangen. Viele haben gelacht, viele haben komisch geguckt, viele fanden es merkwürdig. Es war ein krasses Gefühl für mich. Viele Gedanken liefen mir durch den Kopf. *Was denken die Leute jetzt von mir? Ist das nicht ober-peinlich? Sollte ich das Schild nicht lieber wieder einpacken?* Doch dann wurde in mir der Gedanke größer, dass ich es für Jesus tue. Ich liebe ihn, auch wenn das für viele Menschen komisch ist. Aber ich möchte alles für ihn tun. Ich möchte mich nicht für ihn schämen. Ich möchte inmitten von vielen Menschen, die Jesus nicht lieben und kennen, für ihn stehen und dieses Schild ganz hoch halten. Es muss nicht immer so ein Schild sein. Vielleicht ist es nicht so dein Ding, dich in die Fußgängerzone zu stellen. Es gibt so viele andere Dinge, mit denen du Jesus zeigen kannst, dass du ihn liebst.

MITTEN INS LEBEN

Hier kommt der Herzcheck für dich:
1. Mache für einige Minuten die Augen zu, und bitte Jesus ernsthaft, dein Herz zu prüfen. Bitte ihn, dir zu zeigen, wie deine Liebe zu ihm aussieht. Lass dir Zeit dafür und öffne dich Jesus vertrauensvoll. Er kennt dich und dein Herz, daher darfst du ehrlich sein.
2. Schreibe Jesus als Nächstes einen Liebesbrief. Sei auch hier ehrlich. Sag ihm, was Sache ist und wie es momentan bei dir aussieht. Wenn du merkst, dass deine Liebe zu ihm größer werden soll, dann schreib ihm das. Sie wird wachsen, wenn du Jesus noch mehr Beachtung und Zeit schenkst. Je mehr du dich mit ihm beschäftigst, desto mehr wirst du ihn lieben!

~

Erforsche mich, Gott, und erkenne, was in meinem Herzen vor
sich geht; prüfe mich und erkenne meine Gedanken!

PSALM 139,23; NGÜ

Ein Mensch sieht, was vor Augen ist;
der Herr aber sieht das Herz an.

1. SAMUEL 16,7; LU

Eine Frage des Stils

REGINA NEUFELD

Meine schöne Tochter,

ich wünschte, du würdest erkennen, wie bezaubernd du ohne viel Glamour bist. Ich liebe das Schöne und freue mich, wenn du dich geschmackvoll kleidest. Doch dafür brauchst du nicht die angesagtesten Klamotten und auch nicht zu jedem Paar Schuhe die passende Handtasche. Das sind alles Dinge, die für mich überhaupt keinen Wert haben. Sie sind bloß Ablenkungen, Dinge, die deinen Blick vom Wesentlichen ablenken wollen. Wenn du ganz und gar für mich leben willst, dann löse dich von den Meinungen anderer, suche nicht ihre Anerkennung. Du gehörst nicht mehr dir selbst. Du bist mein. Ich will nicht nur dein Ja, ich will dich ganz, von Kopf bis Fuß. Dein Körper ist mein Tempel, in dem ich wohne. Deshalb achte darauf, verantwortungsbewusst und anständig mit meinem Haus umzugehen. Alles, was du bist und hast, auch dein Äußeres, soll deine Liebe zu mir ausdrücken.

Und ich möchte, dass die Frauen in ihrer Erscheinung Zurückhaltung üben, indem sie sich anständig kleiden und nicht durch ihre Frisur oder durch Gold, Perlen oder kostbare Kleider die Aufmerksamkeit auf sich lenken.

1. TIMOTHEUS 2,9; NL

Zur Zeit des Neuen Testaments war es den Frauen ungeheuer wichtig, durch aufwändigen Haarschmuck aufzufallen und sich darzustellen. Das Äußere spielte eine unglaublich wichtige Rolle. Aber mal ehrlich: Ist das heute anders? Viele Frauen, aber auch Männer versuchen, auf sich aufmerksam zu machen. Es wird so viel Wert auf das Äußere gelegt, dass viele Mädchen sich allein dadurch definieren. Manche geben ihr ganzes Geld für Klamotten und Schminke aus. Andere können sich das nicht leisten und ziehen sich vollkommen zurück. Es gibt auch die, die gegen die Trends der Zeit rebellieren und einen ganz anderen Stil entwickeln. Zu welcher Gruppe du auch immer gehörst, ich möchte dir eine Frage stellen: Was sagt deine Kleidung über dich?

Hier kommen einige Beispiele dafür, was Kleidung ausdrücken kann:

»Hey, hier bin ich!«
Alle Augen richten sich auf dich, sobald du den Raum betrittst. Das kann verschiedene Gründe haben. Entweder bist du perfekt gestylt, es gibt scheinbar keinen Makel an dir. Du nimmst bewundernde Blicke wahr, aber auch neiderfüllte. Im Mittelpunkt zu stehen, macht dich glücklich. Dafür investierst du viel: Geld, Zeit – und deine Gedanken drehen sich ständig um dein Aussehen.

Vielleicht versuchst du auch, durch dein Äußeres (zum Beispiel bunte Haare, auffällige Schminke) ein Statement abzulegen:»Ich brauche euch nicht« oder »Ich geh meinen eigenen Weg«.

»Wer will mich?«
Es ist heute total normal, viel nackte Haut zu zeigen, und es ist schwer, im Geschäft Kleidungsstücke zu finden, die nicht sofort die Männerblicke auf sich ziehen – wie Miniröcke, weite Ausschnitte, durchsichtige Blusen. Viele Mädchen und Frauen, die sehr kurze Röcke tragen oder ein Oberteil, das tiefe Einblicke gewährt, genießen die Aufmerksamkeit, die ihre Kleidung bei anderen auslöst. Manche Mädchen

sind sich der Wirkung ihrer Kleidung auch nicht bewusst. Hast du schon einmal darüber nachgedacht, ob du wirklich diese Art von Männern auf dich aufmerksam machen willst, die sich nur für dein Äußeres interessiert? Denn wenn der Blick der Jungs durch die Betonung deines Körpers von deinem Gesicht abgelenkt wird, können sie sich auch schwer auf ein Gespräch und damit auf das konzentrieren, was in dir steckt. Jungs, die Jesus von Herzen nachfolgen, fühlen sich unwohl in der Gegenwart von Mädchen, die knapp bekleidet sind, weil es auch für sie schwer ist, nicht hinzuschauen. Darauf Rücksicht zu nehmen bedeutet, sich selbst und sein Gegenüber zu respektieren. Du bist viel zu wertvoll, um dich so bloßzustellen!

»Ich bin nicht wichtig«

Vielleicht bist du aber auch ganz anders. Du legst keinen besonderen Wert auf Klamotten, Schmuck & Co. Wenn du deinen Schrank öffnest, siehst du lauter einfarbige, dunkle Teile, die eher weit geschnitten sind. Das war bei mir früher zumindest so. Ich war eine graue Maus, wurde leicht übersehen. Das tat einerseits weh und andererseits fühlte ich mich sicher in dieser Rolle. Das Problem war nicht, dass andere mir das Gefühl gaben, unwichtig zu sein. Ich war es, die vermittelt hat: Ich bin nicht da. Sieh nicht her. (Interessant ist, dass meine Garderobe immer bunter wurde, je mehr ich erkannte, wie viel ich in Gottes Augen wert bin und dass ich ganz und gar nicht unwichtig, sondern unendlich geliebt bin.)

»Ich bin Gott wichtig und gehöre zu ihm«

Edith Head, eine berühmte Kostümbildnerin, sagte einmal: »Ein Kleid sollte eng genug sein, um zu zeigen, dass du eine Frau bist – und weit genug, um zu beweisen, dass du eine Lady bist.« Frauen, die diesen Stil verkörpern, ist bewusst, dass sie den König aller Könige hier auf der Erde repräsentieren. Sie kleiden sich daher gepflegt und feminin. Sie lenken die Aufmerksamkeit nicht auf die eigene Person, sondern auf Gott und darauf, dass es anderen nicht schwerfällt, ihnen zuzuhören, wenn sie von dem erzählen, der ihrem Leben Sinn gibt. Außerdem wollen sie es den Männern nicht so schwer machen, in ihren Gedanken rein zu bleiben.

In welcher Beschreibung erkennst du dich wieder? Willst du total auffallen oder dich am liebsten unsichtbar machen? Trägst du das, was gerade »in« ist, oder ist dir der aktuelle Modetrend so ziemlich egal?

In den Medien und in unserem Umfeld wird uns oft vermittelt: »Zeig, was du hast. Man muss gesehen werden. Du darfst den Trend nicht verpassen.« Aber jeder Trend ist so schnell vorbei, wie er gekommen ist. Es ist gefährlich, wenn wir die Bestätigung unserer Person in Äußerlichkeiten suchen. Gott möchte, dass wir uns zuallererst um unser Herz kümmern – um unsere »innere Schönheit«. Diese Schönheit vergeht nicht. Da wir zu Gott gehören, sind wir Bürgerinnen des Himmels, und dort zählt nur, was für alle Ewigkeit Bestand hat. Also: Finde heraus, was bei Gott angesagt ist! Und weil Gott in dir wohnt, achte auf dein Äußeres, kleide dich »ladylike« – und mache Gott damit Ehre.

MITTEN INS LEBEN

Beobachte dich vor einem großen Spiegel in unterschiedlichen Positionen. Was sagt deine Kleidung über dich? Willst du daran etwas ändern oder bist du zufrieden? Nun stell dich vor deinen Kleiderschrank und sei ehrlich vor dir selbst und Gott: Wen möchtest du durch die Wahl deiner Kleidung beeindrucken? Kann man Christus in dir sehen, wenn du dies oder jenes anhast, oder lenkt das Kleidungsstück die ganze Aufmerksamkeit auf deinen Körper?

∿

Habt ihr denn vergessen, dass euer Körper ein Tempel des Heiligen Geistes ist? Der Geist, den Gott euch gegeben hat, wohnt in euch, und ihr gehört nicht mehr euch selbst. Gott hat euch als sein Eigentum erworben; denkt an den Preis, den er dafür gezahlt hat! Darum geht mit eurem Körper so um, dass es Gott Ehre macht!

1. KORINTHER 6,19–20; NGÜ

Was immer ihr tut, ob ihr esst oder trinkt oder was es auch sei – verhaltet euch so, dass Gott dadurch geehrt wird und dass ihr für niemand ein Glaubenshindernis seid, weder für Juden noch für Nichtjuden noch für die Gemeinde Gottes.

1. KORINTHER 10,31+32; NGÜ

Wahre Weiblichkeit

REGINA NEUFELD

Meine liebe Tochter,

ich habe dich als Mädchen erschaffen, damit du die Welt mit deiner Weiblichkeit bereicherst und mir als Frau dienst. Doch von dem, was ich mir bei der Erschaffung der ersten Frau gedacht habe, ist so viel verloren gegangen. Weiblichkeit ist zu etwas Sexistischem geworden, zu etwas, das die Männer um den kleinen Finger wickeln soll. Viele Frauen verleugnen ihre Weiblichkeit. Andere reduzieren sie auf ihr Äußeres. Ich wünsche mir, dass du eine neue Vision davon bekommst, wie du als Mädchen und später als Frau leben kannst. Wahre Weiblichkeit bedeutet, dich wie eine Lady zu verhalten und wie eine Löwin zu kämpfen. Ich hülle dich in Kraft und Würde, sodass du mit Energie und viel Freude deinen Platz in dieser Welt ausfüllen kannst.

Wer kann schon eine tüchtige Frau finden?
Sie ist wertvoller als die kostbarsten Edelsteine.

SPRÜCHE 31,10; NL

Im Sommer 2011 gab es eine Ausgabe der Zeitschrift Focus mit dem Titelthema »Die Wahrheit über Frauen«. Ich war sehr gespannt auf diesen Artikel. Es gab darin ein großes Bild der deutschen Bundestrainerin der Frauenfußballmannschaft, Silvia Neid. Mein fast 2-jähriger Sohn sah es und sagte:»Mamm, Mamm.«»Nein, Ben, das ist eine Frau.« – »Mamm!« Er ließ sich nicht beirren. Für ihn sah Silvia Neid eindeutig aus wie ein Mann.

Frauen, die ihre Weiblichkeit verstecken, verleugnen oder verloren haben – das ist das eine Extrem. Das andere Extrem sind Frauen, die alles, was sie an Kurven haben, zur Schau stellen und sich erst dann schön und wertvoll fühlen, wenn sie von anderen bewundert werden. Vor einigen Tagen las ich auf Facebook Folgendes:»Liebe Victorias Secret Fashion Show, NICHTS ist vergleichbar mit einer Sprüche-31-Frau!« Das heißt, kein Unterwäschemodel kommt an eine Frau heran, die Gott in ihrem Herzen hat.

Die»Sprüche-31-Frau« … Kennst du sie? Von ihr kann man in den letzten Versen des Sprüche-Buches der Bibel lesen. In diesem wunderbaren Gedicht geht es um die Würde der Frau. Wenn ich diese Zeilen lese, erkenne ich, dass die Frau, die hier beschrieben wird, eine wahre Lilie unter Dornen ist: Sie ist besonders, weil sie heraussticht. Im Vergleich zu ihr verblassen alle Frauen, die nur damit beschäftigt sind, ihre weiblichen Reize zu betonen. Eine Frau, wie sie in Sprüche 31 beschrieben wird, fiel zu der damaligen Zeit sicher vielen unangenehm auf. Aber das hat sich bis heute kaum geändert. Für viele ist die Frau in Sprüche 31 ein nicht zu erreichendes Idealbild. Für einige ist sie sogar bemitleidenswert, weil sie sich jeden Tag abrackert. Manche Frauen fühlen sich durch diese Verse unter Druck gesetzt. Mich dagegen motiviert die»Sprüche-31-Frau«, weil sie wahre Weiblichkeit vorlebt.

Feminin

Das Erste, was wahre Weiblichkeit ausmacht, ist das Leben als Frau. Frausein heißt nicht, sich mit Männern total gleichzustellen und zu meinen, man müsse das sein und können, was auch ein Mann ist und kann. Gott hat sich etwas dabei gedacht, als er uns Frauen *anders* als die Männer schuf. »Anders« heißt nicht »weniger wert«, sondern »verschieden«. Unsere Weiblichkeit ist die perfekte Ergänzung zur Männlichkeit. Die Frau aus Sprüche 31 hat nicht versucht, die Rolle ihres Mannes zu spielen, sondern ihre Rolle als Frau auszufüllen. Und zum Frausein gehörte für sie auch, sich nicht in den Vordergrund zu drängen, weder durch ihr Tun noch durch ihre Klamotten oder aufdringliches Verhalten. Sei dir selbst zu schade, um so billig rüberzukommen, und trainiere ein feminines Verhalten ein.

Mutig

Lynn Hybels, die Frau eines bekannten US-amerikanischen Predigers, schrieb einmal ein Gebet mit der Überschrift »Mögen wir gefährliche Frauen sein«. Die letzten Zeilen lauten:

> Mögen wir wie Sterne in einer dunklen Generation scheinen.
> Mögen wir von Güte im Namen Gottes und in der Macht Jesu überfließen.
> Und mögen wir in Seinem Namen und in Seiner Kraft die Welt verändern.
> Gott, bitte mach uns zu gefährlichen Frauen. Amen.*

Wir haben eine Aufgabe hier auf dieser Welt. Wir tragen Verantwortung. Die Frau aus Sprüche 31 hat diese Verantwortung gesehen und wahrgenommen. Sie kümmerte sich mit Leidenschaft um ihre Familie, den Haushalt, ihre Arbeit und um andere Menschen. Ihre Familie war wohlhabend, und sie teilte, was sie hatte. Ich bin sicher, dass sie von vielen nicht verstanden wurde, wenn sie Projekte anging, wie das Pflanzen eines Weinberges. Aber sie tat es im Vertrauen auf Gott.

---

* Lynn Hybels, Brave Mädchen verändern nichts, Asslar: Gerth Medien, 2. Auflage 2006, S. 93.

Es war richtig für sie, und sie tat es, egal, was andere davon hielten. Der Vers 25 beschreibt sie so: »Kraft und Hoheit sind ihr Gewand« (ELB). – Kraft und Hoheit sind Zeichen von Macht. Doch diese Macht unterdrückt andere nicht, sondern setzt sich für andere ein. Die »Sprüche-31-Frau« hat ihre Gaben eingesetzt, sah die Not anderer, erledigte ihre Aufgaben pflichtbewusst, und vor allem nutzte sie die Zeit, die Gott ihr geschenkt hat, sinnvoll, um ihre Liebe zu Gott und zu den Menschen in die Tat umzusetzen. Ihre Selbstlosigkeit und ihr Mut verliehen ihr eine Schönheit, die nichts mit äußerlicher Schönheit zu tun hat. Die innere Schönheit – ihre Charaktereigenschaften – sind Zeichen wahrer Weiblichkeit.

Gottesfürchtig

Doch was die Frau aus Sprüche 31 eigentlich ausmachte, waren nicht ihre Leistungen, sondern ihre Beziehung zu Gott: Sie nahm Gott ernst und vertraute ihm. In Sprüche 31,30 (GN) steht: »Anmut und Schönheit sind vergänglich und kein Grund, eine Frau zu rühmen; aber wenn sie den Herrn ernst nimmt, dann verdient sie Lob.« In einigen Bibelübersetzungen findet man die Formulierungen »Ehrfurcht vor dem Herrn haben« oder »gottesfürchtig«. Das kann man auch mit »glaubensstark«, »gottergeben« oder »ehrfürchtig vor Gott« wiedergeben.

Ja, Schönheit vergeht. Und auch alles feminine und mutige Verhalten nützen nichts, wenn das Wesentliche fehlt: Gott zu vertrauen, das Leben nach ihm auszurichten. Alles, was du auf dieser Welt tust, zählt nur, wenn du es für Jesus tust. Wenn du ihn stets im Blick hast, dann wird er dir helfen, wahre Weiblichkeit zu leben – feminin, mutig und gottesfürchtig zu sein!

MITTEN INS LEBEN

Schnapp dir deine Bibel und lies dir die komplette Beschreibung der Frau in Sprüche 31,10–31 durch. Schreibe dir dann die einzelnen Eigenschaften dieser Frau heraus. Es gibt noch viel mehr zu entdecken als das, was ich hier genannt habe! Überlege dir abschließend, was du als Nächstes in deinem Leben umsetzen kannst, und rede mit Gott darüber. Bitte ihn auch, dir zu helfen, wahre Weiblichkeit zu leben.

～

Eure Schönheit soll von innen kommen – das ist die unvergängliche Schönheit eines freundlichen und stillen Herzens, das Gott so sehr schätzt.

1. PETRUS 3,4; NL

Und ich möchte, dass die Frauen in ihrer Erscheinung Zurückhaltung üben, indem sie sich anständig kleiden und nicht durch ihre Frisur oder durch Gold, Perlen oder kostbare Kleider die Aufmerksamkeit auf sich lenken. Denn Frauen, die Gott ehren wollen, sollen dadurch anziehend wirken, dass sie Gutes tun.

1. TIMOTHEUS 2,9–10; NL

Lass dein Ego hinter dir

REGINA NEUFELD

Geliebte Tochter,

ich liebe dich so sehr, dass ich mein Königreich für dich verlassen habe, um dir zu dienen und für dich zu sterben. Ich habe alles für dich gegeben und auch heute noch bin ich jeden Augenblick bei dir und möchte dir ein erfülltes Leben schenken. Wenn du meine Liebe annimmst, kannst du sie auch an andere weitergeben. Du brauchst nicht mehr woanders nach Bestätigung und Anerkennung suchen, weil du sie bei mir gefunden hast. Das macht dich frei, anderen Liebe zu geben. Lerne, sie mit meinen liebenden Augen anzusehen und zu erkennen, was sie brauchen und worüber sie sich freuen. Sei bereit, ihnen deine Zeit, deine Aufmerksamkeit und deine Energie zu schenken. Du wirst alles vielfach zurückbekommen. Denn wenn du dich selbst hingibst, wirst du viel mehr gewinnen.

Denkt nicht nur an eure eigenen Angelegenheiten, sondern interessiert euch auch für die anderen und für das, was sie tun.

PHILIPPER 2,4; NL

Diese Aufforderung klingt mit Blick auf unsere Gesellschaft irgendwie ironisch. Werden wir von allen Seiten nicht immer wieder dazu aufgefordert, unseren EIGENEN Weg zu gehen, uns SELBST zu verwirklichen, zuallererst auf uns SELBST zu achten usw.? Einerseits haben wir oft Minderwertigkeitsgefühle, andererseits machen wir uns unzählige Gedanken über unser Aussehen und unser Image. Wir machen anderen Vorwürfe, wenn sie uns nicht genug Beachtung schenken, und hegen den unbewussten Wunsch in uns, von allen geliebt und geachtet zu werden.

So sind wir Menschen. Eitle Egoisten. Ohne Ausnahme. Die Sünde hat uns zu selbstzentrierten Wesen gemacht. Schon die ersten Menschen, Adam und Eva, waren unzufrieden mit der Bestimmung, die Gott ihnen gegeben hatte. Sie wollten mehr, als nur den Garten Eden zu pflegen und zu schützen (siehe 1. Mose 2,5). So denken wir auch oft – wir meinen, etwas Besseres verdient zu haben. Wir wollen uns durch etwas Besonderes hervorheben, haben Angst, zu kurz zu kommen – und denken ständig nur an unsere eigenen Angelegenheiten.

Eitel oder egoistisch zu sein bedeutet jedoch nicht immer, viel zu reden und stets im Mittelpunkt stehen zu wollen. Manchmal äußert sich selbstzentriertes Verhalten auch dadurch, dass wir tief im Selbstmitleid versinken oder anderen – meist ohne dass es uns richtig bewusst wird – Schuldgefühle vermitteln. Wir sagen oder denken zum Beispiel: »Niemand mag mich.« Oder: »Wenn sich XY mehr um mich kümmern würde, würde es mir besser gehen.« Wenn wir uns selbst bemitleiden oder anderen die Schuld für unsere Situation geben, verhalten wir uns nach dem Motto: »Jeder soll sich nur um mich drehen.«

Jesus lebte uns allerdings etwas vollkommen anderes vor. Er kam auf die Erde, um den Menschen zu dienen. Er stellte die Bedürfnisse anderer über seine eigenen. (Aber er vernachlässigte seine Bedürfnisse auch nicht. In Markus 1,35 zum Beispiel wird berichtet, dass er sich immer wieder von den Menschen zurückzog, um Kraft zu tanken.) Auch Jesus hatte wie wir mit seinen eigenen Wünschen zu kämpfen. Ein Teil von ihm wünschte sich, dass ihm der Leidensweg erspart bleibt, dass er nicht sterben muss. Er hat so heftig mit diesen Gedanken gekämpft, dass er Wasser und Blut schwitzte. Und dennoch entschied er sich, nicht den einfachen Weg zu gehen, sondern den schweren. Diesen Weg zu gehen bedeutete für ihn, sich komplett hintenanzustellen. Es bedeutete sogar, dass er von anderen verachtet wurde. Auf diesem Weg hatte das eigene Ego keinen Platz. Bist du bereit, Jesus auf diesem Weg zu folgen? Willst du ihm wirklich nachfolgen? Eine der Voraussetzungen, ein Jesusnachfolger zu sein, ist die vollkommene Selbstaufgabe:»Wenn jemand mir nachfolgen will«, sagte er,»muss er sich selbst verleugnen, sein Kreuz auf sich nehmen und mir nachfolgen« (Markus 8,34; NL).

Wir kommen alle an den Punkt, an dem wir uns entscheiden müssen, wofür wir leben wollen. Drehen wir uns weiterhin um uns, um unsere Probleme, unsere Bedürfnisse, unsere Wünsche? (Sie brauchen nicht mal verkehrt zu sein, aber wenn sie das Zentrum unseres Lebens sind, werden wir niemals glücklich.)

Oder wollen wir Jesus auf dem Weg der Selbstlosigkeit folgen?

Versteh mich nicht falsch: Dein Ego hinter dir zu lassen heißt nicht, deine eigenen Bedürfnisse nicht mehr wahrzunehmen und zu beachten. Jesus hat nirgends gesagt, dass wir uns bis zur Erschöpfung um andere kümmern sollen. Es ist auch wichtig, dass wir unseren Wert kennen und wissen, dass wir geliebt und gewollt sind, dass wir lernen, uns selbst so anzunehmen, wie wir sind. Aber in unserem Leben geht es dennoch nicht um uns. Das Zentrum unseres Seins sollte Gott sein. Er hat uns dazu gemacht, dass wir die Gemeinschaft mit ihm und miteinander genießen. Das bedeutet, unseren Blick auf Gott und unsere Mitmenschen zu richten.

Ich merke es selbst immer wieder: Das ist wirklich nicht einfach! Ich fand es früher schon schwierig, mich zu überwinden, den Müll anderer wegzuräumen oder mein letztes Geld für ein Geschenk auszugeben. Aber jetzt, wo ich Ehefrau und Mutter bin, muss ich Tag für Tag meine Wünsche hintenanstellen: Ich bereite für meine Familie das Essen vor, räume auf, beseitige Wäscheberge … Und wenn ich mich mal hinsetze, hängen die Kinder sofort an mir und wollen eine Geschichte hören. Ich genieße das auch, dennoch wünsche ich mir manchmal, einfach mal nur zu entspannen und etwas für mich tun zu können. Habe ich es nicht verdient, abends einfach die Füße hochzulegen und nichts zu tun? Oder ist das vielmehr ein Privileg? Ich lerne jeden Tag neu, meine eigenen Wünsche hintenanzustellen, um ganz für andere da zu sein. Das schenkt mir wirklich Erfüllung, weil ich das tue, wofür Gott mich gemacht hat. An manchen Tagen ist es eine echte Überwindung. Doch ich bin Gott dankbar, dass er mir täglich die Möglichkeit gibt, Selbstlosigkeit zu trainieren.

Wie kannst du es üben, dein Ego hinter dir zu lassen und stattdessen anderen Menschen eine Freude zu machen? Hier ein paar Vorschläge:

- Lass andere ausreden, statt sie zu unterbrechen.
- Lerne die Kunst der Gastfreundschaft: es anderen so bequem wie möglich zu machen, auch wenn es mehr Aufwand für dich bedeutet.
- Wenn du nach einem Geschenk suchst, überleg dir, was der anderen Person so richtig Freude machen würde.
- Grüße andere Menschen freundlich und schenke Fremden dein Lächeln.
- Lass dein Handy in der Tasche, wenn du dich mit anderen unterhältst.
- Ermutige andere, statt sie zu kritisieren.

Der Weg der Selbstlosigkeit kann echt hart sein. Aber auch erfüllend. »Es ist segensreicher zu geben, als zu nehmen« (Apostelgeschichte 20,35; NL). Vielleicht hast du das ja auch schon erlebt?

MITTEN INS LEBEN

Nimm dir doch mal für die nächste Woche vor, an jedem Tag mindestens einer Person eine unerwartete Freude zu machen. Womit könntest du deine Eltern überraschen? Wie wäre es mit einem Spielplatzbesuch mit deiner kleinen Schwester? Oder mit einer schönen Karte mit netten Worten, die du deiner Freundin schickst – einfach so? Oder mit einem Brötchen für einen Obdachlosen? Sei kreativ und erlebe dabei die Freude des »Anderen-eine-Freude-Machens«.

~

Denn wer versucht, sein Leben zu bewahren, wird es verlieren. Wer aber sein Leben um meinetwillen und um der guten Botschaft willen verliert, wird es retten.

MARKUS 8,35; NL

Vergesst nicht, Gutes zu tun und mit den anderen zu teilen, denn über solche Opfer freut sich Gott.

HEBRÄER 13,16; NL

Woran hängt dein Herz?

NELLI LÖWEN

Meine Prinzessin,

woran hängt dein Herz? An mir? Das wünsche ich mir total. Es bricht mir das Herz, wenn dir andere Dinge wichtiger sind als ich. Oft habe ich schon erlebt, dass du es zulässt, dass andere Sachen den Platz einnehmen, der mir gehört. Du meinst, das ist gar nicht so, ich sei dir doch wichtiger als alles andere auf der Welt? Aber schau doch mal auf deine Gedanken. Was wünschst du dir gerade am meisten? Das neue Smartphone wär nicht schlecht, die neue Digicam, das neue Oberteil, das du gestern im H&M-Katalog gesehen hast, und so weiter. Du hast megaviele Wünsche, und du denkst so oft daran, welche Sachen du einfach haben musst. Du wirst so lange darüber nachdenken, bis du sie gekauft hast – und denkst, dass du erst dann wieder richtig glücklich sein kannst. Genau das macht mich traurig. Ich sehe dein Herz. Komm, lass es neu von mir mit meiner Gegenwart füllen.

Denn wo euer Schatz ist, da wird auch euer Herz sein.

LUKAS 12,34; LU

Kennst du die Geschichte vom reichen Kornbauer? Sie ist megaspannend und hat eine tolle Message! (Lies doch mal Lukas 12,16–34.) Es geht in der Story darum, dass ein wohlhabender Mann seinen Hals einfach nicht vollbekommt. Er hat seine Scheunen komplett gefüllt mit Unmengen an Getreide. Er hat so viel, dass er gar nicht weiß, was er damit machen soll. Anstatt anzufangen, es mit seinen Freunden oder Bekannten zu teilen, baut er sich noch größere Scheunen, um noch mehr anzuhäufen. Dann, so denkt er sich, wird er endlich glücklich und zufrieden sein und das Leben genießen. Doch Gott macht ihm einen Strich durch die Rechnung. Der Mann stirbt und hinterlässt seine Scheunen voller Getreide. Wie unnötig war es, dass er sich so viel Reichtum gesammelt hat. Eine krasse Story! Darf ich also nicht reich sein? Erlaubt Gott es nicht, dass wir uns schöne Dinge kaufen? Müssen wir aufpassen, dass wir uns nicht zu viel kaufen? Wenn man so eine extreme Geschichte liest, kommen einem viele Fragen in den Sinn.

Ich glaube, Gott geht es nicht darum, uns zu verbieten, Wünsche zu haben und sie uns zu erfüllen. Er findet es nicht schlimm, wenn man sich mal etwas Schönes kauft oder sich etwas Gutes gönnt. Allerdings ist es ihm total wichtig, dass unser Herz nicht an diesen vergänglichen Dingen hängt. Denn mit dem »Haben« und »Besitzen« ist das so eine Sache. Ständig und überall werden wir mit Werbung konfrontiert. Egal, ob wir Radio hören, im Internet surfen, fernsehen, Kataloge anschauen, im Kino sind, eine Zeitschrift lesen oder Plakate auf dem Bahnhof sehen – überall werden wir mit Werbebotschaften bombardiert. Überall versuchen große Firmen, uns Wünsche ins Herz zu pflanzen. Das Shampoo für geschmeidig glänzende Haare, die Schuhe, um cool zu sein, das Handy, um zu den Coolen zu gehören, und so weiter. Doch leider ist es eine Lüge, dass uns das, was wir uns kaufen, glücklich machen wird. Wilhelm Busch sagte einmal einen sehr weisen Satz: »Ein jeder Wunsch, wenn er erfüllt, kriegt augenblicklich Junge.« Wie wahr das ist! Nach jedem Kauf fallen einem auf Anhieb neue Dinge ein, die man kaufen möchte. Dieses Habenwollen ist ein Strudel, der uns richtig mitreißen kann. Wir werden nicht satt. Wir wollen immer mehr, und das sofort. Anstatt zu merken, dass wir von der Werbung übers Ohr gehauen werden, sind wir geblendet, ähnlich wie der Kornbauer. Er hatte schon so viel Getreide angehäuft, und immer noch glaubte er, dass er noch mehr benötigt, um dann endlich zufrieden sein und das Leben genießen zu können. Nachdem Jesus die Geschichte vom Kornbauer erzählt hat, sagt er:»So wie dem reichen Mann wird es jedem ergehen, der sich auf der Erde Schätze sammelt. Der irdische Reichtum wird vergehen. Es ist viel wichtiger, sich Schätze zu sammeln, die bei Gott Bestand haben. Denkt immer daran: Wo euer Schatz ist, da wird auch euer Herz sein« (siehe Lukas 12,21 und 33–34).

Das, wonach du dich sehnst und worüber du ständig nachdenkst, das ist dir auch total wichtig. An den Dingen, die dir absolut wichtig sind, kann man erkennen, woran du dein Herz hängst. Wenn ich mir ständig darüber Gedanken mache, wie ich möglichst viel verdienen kann, um mir möglichst viel leisten zu können, dann zeigt das, dass mir dieses Leben auf der Erde extrem wichtig ist. Ich investiere Zeit und Energie, um in meinem Leben möglichst gut dazustehen. Die krasse Wahrheit aber ist eben, dass wir irgendwann einen Schritt in die Zukunft mit Jesus machen. All das, was wir an materiellen Dingen besessen haben, werden wir eben nicht mitnehmen können. Es hat einen Nullwert, gemessen an der Ewigkeit mit Jesus, die der größte Reichtum ist, den wir haben können.

Oh Mann, was soll man dann machen? Das ist doch ein Dilemma. Wir machen uns so viel Arbeit und beschäftigen uns so viel und so oft mit den Sachen, die wir gerne hätten, und am Ende haben wir nichts davon? Jesus hat einen Lösungsvorschlag:»Ihr sollt euch nicht Schätze sammeln auf Erden, wo sie die Motten und der Rost fressen und wo die Diebe einbrechen und stehlen. Sammelt euch aber Schätze im Himmel, wo sie weder Motten noch Rost fressen und wo die Diebe nicht einbrechen und stehlen« (Matthäus 6,19–20; LU).

Doch wie sammelt man denn nun diese himmlischen Schätze?

Alles, was wir für Jesus tun oder geben, das sind unsere Schätze im Himmel. Immer, wenn wir uns um Dinge kümmern, die für Gott wichtig sind, zahlen wir auf unser himmlisches Bankkonto ein. So einfach ist das Ganze.

Wir wäre es, wenn wir heute anfangen, uns Schätze im Himmel zu sammeln? Stell dir vor, du verpasst es, diese Schätze zu sammeln, und hast dann im Himmel keine. Wäre irgendwie dumm. Ich finde die Vorstellung interessant, dass ich im Himmel Schätze haben kann. Bin gespannt, wie das dann sein wird ... Aber wenn es schon die coole Möglichkeit gibt, dass ich mir hier und jetzt welche sammeln kann, dann möchte ich das auf jeden Fall tun. Davon habe ich einfach mehr als vom neuesten Smartphone.

MITTEN INS LEBEN

Woran hängt dein Herz? Schreibe dir doch mal die Wünsche auf, die du momentan hast. Was sind das für Dinge? Sind es materielle Sachen? Könntest du dir auch vorstellen, dir Dinge zu wünschen, die Gott sich wünscht? Zum Beispiel, dass deine Freundin Jesus kennenlernt? Dass der Außenseiter in deiner Klasse nicht mehr im Abseits steht? Oder dass ein kleines Kind in einem armen Land genug zu essen hat? Mit Gebet, einer Spende oder konkreter Hilfe kannst du etwas Gutes tun und die Welt ein wenig verändern. Darüber freut sich Jesus und du sammelst dir damit Schätze für die Ewigkeit.

~

[Paulus schreibt an seinen Mitarbeiter Timotheus:]
»Schärfe denen, die es in dieser Welt zu Reichtum gebracht haben, ein, (...) ihre Hoffnung nicht auf etwas so Unbeständiges wie den Reichtum zu setzen, sondern auf Gott; denn Gott gibt uns alles, was wir brauchen, in reichem Maß und möchte, dass wir Freude daran haben. Ermahne sie, Gutes zu tun, freigebig zu sein und ihren Besitz mit anderen zu teilen. Wenn ihr Reichtum in solchen Taten besteht, ist das im Hinblick auf ihre Zukunft eine sichere Kapitalanlage, und sie werden das wahre Leben gewinnen.«

1. TIMOTHEUS 6,17–18; NGÜ

Ein Diener kann nicht für zwei Herren arbeiten. Er wird dem einen ergeben sein und den anderen abweisen. Für den einen wird er sich ganz einsetzen, und den anderen wird er verachten. Ihr könnt nicht Gott dienen und zugleich dem Mammon.

LUKAS 16,13; NGÜ

Freundinnen

JULIA NEUDORF

Meine geliebte Tochter,

ich habe dir das Leben geschenkt. Ich habe den Wunsch nach Gemeinschaft und Freundschaft in dein Herz gelegt. Ich weiß, dass du Menschen um dich brauchst. Ich sehe deine Sehnsucht nach Freunden, die dich lieben, die für dich da sind und denen du vertrauen kannst. Freundschaft ist etwas Wunderbares, und ich selbst habe sie mir ausgedacht. Sie ist mir sehr wichtig! Auch wir beide können Freunde sein. Wenn du an mich glaubst und mich ernst nimmst, dann bist du meine Freundin. Ich bin da, wenn du eine Schulter zum Anlehnen brauchst. Ich bin da, wenn du ein offenes Ohr brauchst. Ich bin immer für dich da und bleibe an deiner Seite.

Liebt einander, wie ich euch geliebt habe; das ist mein Gebot. Niemand liebt seine Freunde mehr als der, der sein Leben für sie hergibt. Ihr seid meine Freunde, wenn ihr tut, was ich euch gebiete. Ich nenne euch Freunde und nicht mehr Diener. Denn ein Diener weiß nicht, was sein Herr tut; ich aber habe euch alles mitgeteilt, was ich von meinem Vater gehört habe.

JOHANNES 15,12–15; NGÜ

Ihr versteht euch blind. Ihr lacht und weint über dieselben Dinge. Ihr habt den gleichen Geschmack. Eure Gedanken könnt ihr euch an den Augen ablesen. Wenn der eine einen Satz beginnt, dann kann der andere ihn zu Ende bringen. Ihr erzählt euch Dinge, die ihr sonst keinem erzählen würdet. Ihr kennt euch in- und auswendig. Auch wenn ihr euch über eine längere Zeit mal nicht seht, ist es beim nächsten Treffen trotzdem so wie immer. Ihr könnt Stunden zusammen verbringen und es wird nie langweilig. Deine Freundin und du, ihr seid – echte Freunde eben.

Gott hat uns für die Gemeinschaft geschaffen. Für die Gemeinschaft mit ihm, aber auch mit anderen Menschen. Wir brauchen Freunde in unserem Leben, das steht fest. Wir brauchen Menschen um uns herum, denen wir zu hundert Prozent vertrauen, denen wir alles sagen können. Freunde, die alles für dich tun würden. Freunde lieben sich gegenseitig und opfern auch etwas für die Freundschaft. Zum Beispiel Zeit. Oder sie stellen ihre eigenen Interessen zurück zugunsten des anderen. Aber was, wenn es mal nicht so läuft? Was ist, wenn deine Freundin nicht sieht, dass es dir schlecht geht? Oder dich nicht fragt, wie es dir geht? Was ist, wenn sie doch mal aus Versehen eins eurer Geheimnisse ausgeplaudert hat? Was, wenn sie auf einmal noch andere Freundinnen hat außer dir? Wenn sie dich mal nicht anruft oder dir eine SMS schreibt? Ist dann alles kaputt? Ist sie dann keine Freundin mehr?

Das Thema Freundschaft hat mich persönlich vor einigen Jahren sehr beschäftigt. Ich hatte schon einige richtig gute Freunde und auch einige Erwartungen an sie. Dann wurden aber genau diese Erwartungen bitter enttäuscht. Genau die Dinge, die ich oben genannt habe, sind mir passiert. Ich habe mich mit meinen Problemen allein gelassen gefühlt. Mir ging es schlecht und niemand sah es. Aber Gott gebrauchte genau diese Situation, damit ich endlich verstand, dass Jesus mein bester Freund sein wollte. Er hat mir gezeigt, dass ich in ihm alles finden konnte, was ich bei meinen Freundinnen so sehnlichst vermisste. Ich verstand, dass *nur er* meine Sehnsucht stillen konnte. *Er* wollte mich trösten. *Er* wollte für mich da sein. *Er* wollte, dass ich mein Herz bei ihm ausschüttete, mit ihm redete. *Er* hat sich immer, in jeder Sekunde, für mich interessiert. Er war da, aber ich oft nicht. Ich merkte, dass die Erwartungen, die ich an meine Freundinnen hatte, viel zu hoch waren. Sie konnten ihre volle Aufmerksamkeit nicht nur mir schenken, mich nicht retten und mir meine Probleme nicht abnehmen. Aber Jesus konnte es – und er kann es immer noch.

Ich glaube, wenn wir erkennen, dass Jesus der Einzige ohne Fehler und Macken ist, kann das sehr befreiend für unsere Beziehungen sein. Schnell merkte ich, dass ich zuallererst lernen musste, selber eine gute Freundin zu sein. Ich fragte mich also: Was macht nach dem Vorbild von Jesus eine gute Freundin aus?

1. Zuerst ist da die Liebe, von der Jesus spricht. »Liebe deine Freundin«, das klingt so leicht. Man hat sich ja lieb, aber was bedeutet das genau für unser Leben? Im Korintherbrief steht, dass die Liebe freundlich ist, keinen Neid kennt, nicht ihren eigenen Vorteil sucht, nicht nachtragend ist usw. (siehe 1. Korinther 13,4–8). Vielleicht pickst du dir zuerst einmal eine Eigenschaft der Liebe heraus, die in 1. Korinther genannt wird, und versuchst, sie ganz praktisch an deiner Freundin umzusetzen.

2. Jesus sagt, dass ein Freund bereit sein sollte, etwas zu opfern. Jesus hat nicht nur gesagt, dass ein wahrer Freund sogar sein Leben für seinen Freund geben würde, sondern er hat es selbst getan. Du merkst: Jesus ist der perfekte Freund! Ich denke, wir werden wahrscheinlich nicht in die Situation kommen, in der wir wirklich unser Leben opfern müssen (im Sinne von sterben), aber vielleicht haben wir trotzdem die Möglichkeit, opferbereit zu sein. Wir können zum Beispiel unsere Bequemlichkeit oder Zeit opfern und unserer Freundin beim Lernen helfen, in einem Fach, mit dem sie Schwierigkeiten hat. Wir können für sie da sein und ihr zuhören, auch wenn wir denken, dass wir eigentlich genug eigene Probleme haben.

3. Jesus redet davon, dass er seinen Jüngern alles anvertraut hat,

was Gott ihm gesagt hat. Vertrauen ist in einer Freundschaft sehr wichtig. Es gibt Vertrauen, das du schenken kannst, wenn du offen und ehrlich mit deinen Freundinnen über das sprichst, was dich bewegt, und es gibt Vertrauen, das du bekommen kannst. Vertrauen bekommst du, wenn deine Freundin sicher sein kann, dass ihre Geheimnisse und Gefühle bei dir gut aufgehoben sind, wenn du ihr gut zuhörst und sie nicht verurteilst.

Jesus ist das beste Vorbild dafür, wie ein guter Freund sein sollte. Von ihm können wir viel lernen. Dir kann nichts Besseres passieren, als Jesus als Freund an deiner Seite zu haben! Und weil Jesus dein Freund ist, kannst du nun für andere zur Freundin werden.

MITTEN INS LEBEN

Wenn du noch mehr über das Thema Freundschaft lernen willst, schau dir mal die Freundschaft zwischen David und Jonathan an. Du findest die entsprechenden Stellen dazu im Alten Testament in 1. Samuel, ab Kapitel 18.

∼

Jonathan schloss mit David einen Freundschaftsbund,
weil er ihn liebte wie sein eigenes Leben.
1. SAMUEL 18,3; NL

Da suchte Jonathan David auf und ermutigte ihn
in seinem Glauben an Gott.
1. SAMUEL 23,16; NL

Den Nächsten lieben:
Leichter gesagt als getan!

NELLI LÖWEN

Meine liebe Tochter,

ich freue mich heute auf die intensive Zeit mit dir. Heute geht es um ein Thema, das nicht so leicht verdaulich ist: Nächstenliebe. Ich wünsche mir, dass du den Menschen, mit denen du in deinem Alltag immer wieder zu tun hast, mit Liebe begegnest. Ich möchte, dass du deinen Nächsten liebst, auch wenn das nicht immer einfach ist. Ich weiß, du kennst Menschen, denen du lieber aus dem Weg gehen würdest. Mit denen du so deine Schwierigkeiten hast. Aber ich möchte, dass du lernst, deine Mitmenschen aus meiner Perspektive zu sehen. Ja, dass du auch den unangenehmen Nachbarn, deinen vorlauten Klassenkameraden und deinen streng wirkenden Lehrer so betrachtest, wie ich sie betrachte. Dass du sie so siehst, wie ich dich sehe. Du denkst, das ist völlig unmöglich? Ich verspreche, dir zu helfen. Du musst es nicht alleine schaffen!

Du sollst deinen Nächsten lieben wie dich selbst.

3. MOSE 19,18; LU

Den Nächsten lieben ist doch wohl ein Kinderspiel! Was soll daran schon schwer sein? So habe ich manchmal schon gedacht. Tja, diese Sätze sind leichter gesagt als wirklich gelebt. Was sich auf den ersten Blick so herzlich und schön anhört, ist eine wirklich herausfordernde Aufgabe, mit der wir unser ganzes Leben lang beschäftigt sein werden. Das Heftige ist, dass dieses Gebot der Nächstenliebe nach dem Gebot, Gott zu lieben, das zweitwichtigste Gebot ist. Gott *befiehlt* uns, den Nächsten zu lieben. Egal, ob wir uns gerade danach fühlen oder nicht. Egal, ob wir unseren Nächsten leiden können oder nicht. Es fällt mir häufig leicht zu sagen, dass ich meine Freunde liebe. Aber was ist, wenn es konkret wird? Wenn ich mit meiner Freundin gerade große Meinungsverschiedenheiten habe und ich mit ihr einfach nicht auf einen Nenner komme? Wenn ich gerade genervt bin von ihr, weil sie etwas anders sieht als ich? Solche Situationen können mich ganz schön auf die Palme bringen. Diese ewige Rumdiskutiererei kann manchmal ziemlich anstrengend sein. Genau dann soll ich sie lieben? Oh, ich merke: Das ist tatsächlich gar nicht so einfach. Da brauche ich wirklich Gottes Hilfe. Ohne ihn bin ich an dieser Stelle aufgeschmissen.

Das Schöne ist, dass die Liebe für andere Menschen in uns wachsen kann. Je mehr wir mit Jesus leben und je mehr wir uns von ihm beeinflussen lassen, desto mehr werden wir auch Liebe für andere Menschen haben. Ich möchte dir von einem Erlebnis erzählen: Im Herbst 2011 war ich zusammen mit vielen Klassenkameraden aus meiner Bibelschule in Köln auf einem Straßeneinsatz. Wir wollten mit Menschen ins Gespräch über Gott kommen. Nachdem wir eine Pantomime aufgeführt haben, sind wir auf die Menschen zugegangen, die sich das Stück angeschaut haben, um mit ihnen Gespräche zu führen. Anschließend sind wir als Gruppe die Straße weiter entlanggegangen, um an einer anderen Stelle das gleiche Stück noch mal aufzuführen. Plötzlich fiel mir eine alte Frau auf, die am Straßenrand bettelte. Sie kauerte mit ihrem Mann gemeinsam auf dem Boden. Ich wollte mit ihr ins Gespräch kommen und sprach sie an. So redeten wir über Gott. Über das Leben. Über ihr Leben. Sie erzählte mir sehr persönlich von sich, warum sie jetzt auf der Straße war und von vielen anderen Dingen. Ich kann dir gar nicht sagen, wie leid sie mir tat. In diesem Moment vergaß ich alles um mich herum. Ich kniete mich zu ihr und genoss einfach die Gemeinschaft mit ihr. Anschließend betete ich für sie, dass sie Gott kennenlernt und ihn in ihr Leben reinlässt. Danach habe ich sie umarmt. Herzlich und liebevoll. Das muss ein interessanter Anblick gewesen sein, habe ich mir nachher so gedacht. Eine junge Studentin und eine alte Obdachlose. Im Nachhinein habe ich mich gefragt, wie es dazu gekommen ist. Ich kann darauf nichts anderes antworten, als dass Jesus mir in diesem Moment eine große Liebe für diese Frau geschenkt hat. Vielleicht konnte sie durch mich ein wenig fühlen, wie sehr Gott sie liebt. Schließlich möchte Gott unser Leben immer wieder neu gebrauchen, um Menschen seine Liebe zu verdeutlichen. Wie schön wäre es, wenn diese Frau die Begegnung niemals vergessen wird und es vielleicht eine kleine Erfahrung für sie war, die sie Jesus ein Stück näher gebracht hat.

Aber nicht immer gehe ich so auf die Menschen zu, liebe sie, wie es sich Jesus von mir wünscht. Mein persönliches Leben ist mir oft wichtiger als das Leben der anderen. Der Theologe Hans Peter Royer sagte einmal:»Ich muss täglich um Liebe für meinen Nächsten bitten. Denn ich habe diese Liebe nicht in mir.« Genau das ist die Wahrheit: Wir können unseren Nächsten nur dann lieben, wenn wir diese Liebe von Gott erbeten. Wenn wir Gott darum bitten, wird er sie uns auch geben. Davon bin ich überzeugt, schließlich ist ihm die Liebe zum Nächsten sehr wichtig.

Wir können uns jeden Tag in Nächstenliebe üben. Wir müssen nicht erst warten, bis wir einen Obdachlosen sehen. Wie ist es zum Beispiel, wenn deine kleine Schwester gerne mit dir spielen möchte, du aber gerade echt gar keine Lust darauf hast und viel lieber chillen möchtest? Nächstenliebe würde an dieser Stelle bedeuten, dass du mit deiner Schwester spielst, obwohl du gerade keine Lust hast. Oder wie ist es, wenn deine Mutter gerade Hilfe beim Tischdecken benötigt? Auch deine Mutter ist deine Nächste. Und wie sieht es mit den Leuten aus deiner Klasse oder deinem Jugendkreis aus? Wie gehst du mit Menschen um, die einfach nicht dein Fall sind? Auch die Personen sollst du lieben. Das wünscht sich Jesus von dir.

Und jetzt möchte ich dir einen kleinen Trick weitergeben. Versuche doch mal, regelmäßig genau für die Menschen zu beten, die du (manchmal) nicht so leicht lieben kannst. Bitte Gott darum, dass er sie segnet und ihnen Freude, Kraft und Erfolg schenkt. Bitte ihn darum, dass sie gute Freunde haben. Puh, das ist gar nicht so leicht, das kann ich dir sagen. Aber du wirst überrascht sein von dem, was passieren wird. Mir fiel es am Anfang häufig schwer, für Menschen zu beten, bei denen ich mit meiner Nächstenliebe an Grenzen gekommen bin. Aber dann habe ich erlebt, dass meine Liebe für diese Personen plötzlich anfing zu wachsen. Auf einmal erschienen mir diese Menschen in einem ganz neuen Licht. Diesen Perspektivenwechsel kann nur Jesus schenken. Wie schön, dass wir mit seiner Hilfe ganz fest rechnen können!

MITTEN INS LEBEN

Bete diese Woche doch einmal ganz bewusst um Liebe für deinen Nächsten. Gott möchte dir diese Liebe gerne schenken. Außerdem fange an, für eine konkrete Person, die du wirklich nicht magst, regelmäßig zu beten. Du wirst erstaunt sein, wie Gott deine Sicht auf diese Person verändern wird!

~

Ich gebe euch ein neues Gebot: Liebt einander!
Ihr sollt einander lieben, wie ich euch geliebt habe.

JOHANNES 13,34; NGÜ

An eurer Liebe zueinander werden alle erkennen,
dass ihr meine Jünger seid.

JOHANNES 13,35; NGÜ

Das Wunder der Vergebung

REGINA NEUFELD

Mein liebes Kind,

*manchmal fühlst du dich so schuldig, wenn du an mich denkst.
Du schämst dich, in meine Gegenwart zu treten, weil du dich
für unwürdig und schlecht hältst. Es stimmt, du machst Fehler
und tust Dinge, die mich verletzen. Du bist ein Mensch wie jeder
andere. Niemand ist schuldlos. Niemand – bis auf meinen Sohn
Jesus. Deshalb kam er freiwillig als Mensch auf die Welt, um die
Schuld aller Menschen, um deine Schuld, auf sich zu nehmen.
So sehr liebe ich dich. Es war schwer für mich, mit anzusehen,
welche Leiden er ertragen musste. Doch dann sah ich dein Gesicht
vor mir und wusste, dass es sein musste, um dir Vergebung
und ein neues Leben zu schenken. Das Blut meines Sohnes war
der einzige Weg, um die Trennwand zwischen uns zu zerstören.
Nun steht nichts mehr zwischen uns. Also komm zu mir.
Komm mit all deiner Schuld, deiner Scham. Ich vergebe dir.
Ich nehme dir alles ab und werfe es weit, weit weg und werde
nicht mehr daran denken.*

Wenn wir unsere Sünden bekennen, ist er treu und gerecht,
dass er uns die Sünden vergibt und uns reinigt von jeder
Ungerechtigkeit.

1. JOHANNES 1,9; ELB

Als Kind habe ich oft dieses Lied von Nelli Olfert gesungen, aber ich habe es nicht wirklich verstanden:

Warum musstest du sterben, Jesus, Gottes Sohn?
Warum hast du ertragen Schläge, Spott und Hohn?
Warum flossen die Tränen aus dem treuen Gesicht?
Warum hast du gelitten? Das versteh ich nicht.*

Hast du dich auch schon mal gefragt, warum Jesus sterben musste? Hätte Gott sich keinen anderen Rettungsplan ausdenken können? Das ist doch irgendwie unfair. Jesus hat nie etwas Böses gemacht. Im Gegenteil. Er hat sogar viele Menschen geheilt. Warum ließ es sein Vater zu, dass er so leiden musste?

Er tat es, weil er wusste, dass es keinen anderen Weg gab. Und auch Jesus war sich darüber im Klaren. Deshalb kam er auf die Erde, obwohl er von vornherein wusste, dass er unbeschreibliche Leiden und den Tod durchleben wird. Aber das tat er, weil er dich und mich liebt. So steht es im Neuen Testament:

»Denn so hat Gott die Welt geliebt, dass er seinen eingeborenen Sohn gab, damit jeder, der an ihn glaubt, nicht verloren geht, sondern ewiges Leben hat« (Johannes 3,16; ELB).

Gott liebt dich. Darum sandte er seinen Sohn auf diese Erde, um ihn zu opfern. Damit du leben kannst.

Doch warum war so ein radikales Opfer überhaupt nötig? Ja, Gott liebt uns unendlich und bedingungslos. Aber er ist auch ein vollkommen gerechter Gott. Er kann nicht einfach sagen: »Okay, ihr wart mir zwar ungehorsam und habt unzählige schlimme Dinge getan, aber ich vergebe euch einfach.« Wir Menschen haben eine so große Schuld auf uns geladen, dass sie Konsequenzen haben muss. Denn Sünde zerstört unsere Beziehung zu Gott. Schon bevor Jesus auf die

---

* aus: »Warum musstest du sterben« von Nelli Olfert. Abdruck mit freundlicher Genehmigung.

Erde kam, waren daher Opfer nötig, um die Beziehung zum Schöpfer wiederherzustellen. Das geschah häufig durch das Opfern von Tieren. Die Menschen übertrugen symbolisch die Schuld auf einen »Sündenbock«, opferten einen Stier oder einen Bock, um von ihrer Schuld loszukommen, denn »ohne Blutvergießen gibt es keine Vergebung« (Hebräer 9,22b; ELB). Doch diese Opfer konnten die Sünde nicht endgültig aus der Welt schaffen. Ein größeres Opfer war nötig. Ein Opfer, das uns Menschen ein für alle Mal von der Sünde befreien würde.

Gott wusste, dass es keinen anderen Weg zur Erlösung der Menschen gab, als sich selbst zu opfern. Deshalb starb er selbst in der Person Jesu Christi für die ganze Welt. Für dich und für mich. Nun ist der Weg zu Gott frei.

Ich möchte dir von einem Traum erzählen, an den ich immer wieder denken muss. Eigentlich erinnere ich mich fast nie an das, was ich geträumt habe. Aber das werde ich nie vergessen:

Es ist ein furchtbares Durcheinander. Menschen laufen umher, sie schreien und haben Panik. Wissen nicht, wohin. Es hat den Anschein, als sei das Ende der Welt gekommen, denn große Feuerballen fallen vom Himmel auf die Erde, die alles zerstören.

Mittendrin entdecke ich mich. Ich renne genau wie alle anderen und habe große Angst. Ich will noch nicht sterben.

Dann bleibe ich stehen. Ich bleibe einfach stehen in diesem Wirrwarr von Menschen und werde ganz ruhig. Obwohl ich schon länger Christ gewesen bin, wird mir in diesem Moment zum ersten Mal wirklich bewusst, dass ich ein Kind Gottes bin und mir vergeben ist. Mich durchdringt ein so tiefer Friede, wie ich ihn noch nie vorher gespürt habe. Ich habe keine Angst mehr! Und wenn mich jetzt ein Feuerballen erwischen sollte – na und?! Ich komme dann in den Himmel! Dann fängt das Leben doch erst richtig an!

Es gab oft Momente, in denen ich mich nicht für gut genug hielt, Jesu Vergebung anzunehmen. Besonders, wenn ich ein und denselben Fehler immer und immer wieder tat. Und immer und immer wieder auf den Knien lag, um Gott um Vergebung anzuflehen. Ich dachte, ich müsse erst ein besserer Mensch werden. Doch damit lag ich völlig falsch! Richtig ist:

1. Gott liebt mich, so wie ich bin, bedingungslos und immer.
2. Wir können unsere Schuld nicht selbst aus der Welt schaffen.

Sie muss uns vergeben werden. Ich kann nichts, aber auch rein gar nichts zur Vergebung, die Gott mir schenkt, hinzufügen. Sein Opfer war vollkommen. Meine Schuld ist bezahlt. Mir ist vergeben.

Das Lied von Nelli Olfert geht so weiter:

Und ich hör eine Stimme:»Das tat ich für dich!
Weil die Menschen ich liebe, opferte ich mich!«
Auch du kannst heute kommen, danken Jesus, dem Herrn.
Alles tat er aus Liebe. Komme heut zum Herrn.

Also komm heute zu Jesus, wenn du das Wunder der Vergebung noch nicht für dich in Anspruch genommen hast. Er bietet dir dieses kostenlose Geschenk der Gnade an. Du musst es nur annehmen. Jesus hat unsere Schuld bezahlt. Doch das allein rettet uns noch nicht. In 1. Johannes 1,9 steht, dass wir bereuen und bekennen müssen, was wir falsch gemacht haben. Wir müssen Gott um Vergebung bitten. Und er wartet nur darauf, sie uns zu schenken! Vergebung heißt, dass er unsere ganze Schuld ganz weit wegwirft. Er denkt nicht mehr daran. Du kannst wirklich nichts tun, um deine Schuld selbst zu tilgen. Das kann nur Gott allein. Und er hat es bereits getan. Statt dich weiter mit Selbstvorwürfen und einem schlechten Gewissen zu quälen, danke ihm für sein Geschenk der Vergebung und genieße es.

MITTEN INS LEBEN

Bitte Gott um Vergebung. Schreibe konkrete Dinge, die du bereust, auf kleine Zettel. Schneide aus Papier ein Kreuz aus oder bastele eines aus Holz und nagle diese Zettel dann mit Stecknadeln daran fest. Du kannst aber auch einfach ein Kreuz aufmalen und deine Schuld darauf schreiben. Gib sie Jesus ab. Er hat dafür bezahlt. Und nun danke Gott für sein unbegreifliches Geschenk der Vergebung.

~

So fern der Osten vom Westen ist, hat er unsere
Verfehlungen von uns entfernt.

PSALM 103,12; NL

Denn Gott machte Christus, der nie gesündigt hat,
zum Opfer für unsere Sünden, damit wir durch ihn vor Gott
gerechtfertigt werden können.

2. KORINTHER 5,21; NL

Eine neue Identität

REGINA NEUFELD

Meine geliebte Tochter,

ja, das bist du: meine Tochter, eine Heilige, mein Mädchen. Vielleicht weiß dein Kopf das, aber dein Herz hat es noch nicht angenommen. Ich habe dir ein neues Leben geschenkt, dich verwandelt. Du bist nicht länger ein grauer Dorn an einem Strauch, du gehörst nicht mehr zu einer Welt, in der Dunkelheit und Trostlosigkeit das Sagen haben. Ich habe dich mir gleich gemacht – zu einer strahlenden, weißen Lilie. Trotzdem ziehst du immer wieder deinen Kopf ein, versteckst dich und lebst so, als hätte ich dir das neue Leben gar nicht geschenkt.
Doch du bist neu. Du bist mein. Lerne, dich mit meinen Augen zu sehen und so zu leben, wie ich dich gemeint habe.

Daher, wenn jemand in Christus ist, so ist er eine neue Schöpfung; das Alte ist vergangen, siehe, Neues ist geworden.

2. KORINTHER 5,17; ELB

Ich persönlich habe lange daran gezweifelt, dass die »Verwandlung« bei mir funktioniert hat. Nachdem ich Jesus als meinen Herrn angenommen hatte, fühlte ich mich immer noch klein, unbedeutend und schuldig, weil ich so viele Dinge tat, die ihm unmöglich gefallen konnten.

Das war wirklich verzwickt. Je mehr ich mich bemühte, ein gutes, christliches Leben zu führen, desto schuldiger fühlte ich mich, weil mir meine Unvollkommenheit bewusst wurde.

Aber in der Bibel, in Römer 3,10–12 (NL), steht ja: »In der Schrift heißt es: ›Keiner ist gerecht – nicht ein Einziger. Keiner ist klug; keiner fragt nach Gott. Alle haben sich von Gott abgewandt; alle sind für Gott unbrauchbar geworden. Keiner tut Gutes, auch nicht ein Einziger.‹« Es gibt keinen einzigen Menschen, der vor Gott bestehen könnte. Doch genau deshalb kam Jesus auf diese Welt. Er ist derjenige, der die Strafe für unser Versagen auf sich genommen hat, damit wir frei werden von unserer Schuld! Wenn wir daran glauben, beginnt für uns ein neues Leben.

Warum lebte ich dann noch mein altes Leben?

Warum lebst du noch nach den Regeln des alten Lebens – definierst dich über gute Taten, dein Aussehen, deinen Besitz, über die Anzahl deiner Freunde, oder beurteilst dich danach, wie regelmäßig du deine »Stille Zeit« hältst? Bist du immer gut drauf, wenn du unter Leuten bist, und fühlst dich zu Hause einsam, leer und weinst dich regelmäßig in den Schlaf? Das tat ich sehr häufig in meiner Teeniezeit. Ich fühlte mich ungeliebt, wertlos und wusste nicht, wer ich war und warum ich überhaupt auf dieser Welt war. Zwar hatte ich Gott schon in mein Leben hineingelassen, aber ich glaubte dem, was Menschen mir vermittelten, mehr als dem, was Gott mir sagte. Die vielen Lügen waren wie eine dicke Mauer, durch die Gottes Stimme nicht bis zu mir durchzudringen schien. Ich sah mich selbst immer noch so wie früher. Jesus war zwar da, aber ich schaute mich immer noch mit meinen eigenen, »alten« Augen an, und dann sah ich im Spiegel einen schuldigen Menschen, der keine Liebe verdient hatte.

Aber, hey, das Alte ist vergangen und etwas Neues ist da!!
Mir scheint, als würde Paulus seine Leser am liebsten an den Schultern packen und wachschütteln. Er sagt:»Schau doch mal genau hin! Du bist neu, eine neue Schöpfung!« Und weißt du, was an einer Schöpfung das Beste ist? Dass sie ein Schöpfer gemacht hat. Wir sind zu einem neuen Menschen gemacht worden, und das ist nicht unsere eigene Leistung, sondern Gott war hier am Werk. Wir können uns selbst nicht retten. Es gibt auch nichts, was wir tun könnten, um unseren Wert zu steigern. Gott selbst macht uns neu. Und nur in ihm finden wir unsere wahre Bestimmung. Du verlierst nichts, sondern gewinnst alles, wenn du dich völlig auf ihn einlässt.

Ich bin in, bei, mit und durch Christus. Er ist in mir, ich bin in ihm. Er hat mich total durchdrungen. Ein Leben in Christus beginnt mit dem Glauben an ihn und führt weiter zu einem Leben, das von ihm ausgeht, von ihm geprägt ist. Zu einem Leben also, in dem ich nichts mehr ohne ihn tue. Er lebt durch mich.

Wenn wir Jesus nachfolgen, ist er also nicht nur unser Vorbild, dem wir nacheifern. Er lebt in uns – und das ist so unendlich viel mehr! Das bedeutet, dass wir eine neue Identität, ein neues Ich bekommen haben. Du hast diese neue Identität bereits! Lebe sie, indem du immer wieder Jesus suchst. Du wirst ihn finden – und auch dich selbst! Lerne ihn besser kennen, indem du ihm Zeit schenkst, lass dich auf das ein, was er in dir und durch dich tun möchte. Du wirst über dein neues Leben staunen! Lass dir von Jesus immer wieder sagen, wer du bist. Immer wieder. Täglich. Denn nur so kann sich diese Wahrheit in dir festsetzen. Und wenn sie einmal in dir Fuß gefasst hat, wird sich das Bild, das du von dir hast, verändern.

Es ist wirklich so: Was du glaubst zu sein, das bist du auch. Wenn du dich als Versager fühlst, lebst du dementsprechend und verhältst dich so. Wenn du dich immer noch als ein grauer, unscheinbarer Dorn siehst, dann lebst du so, obwohl du schon längst in eine wunderschöne Lilie verwandelt worden bist. Lerne, dich mit Gottes

Augen zu sehen. Du bist ein neuer Mensch! Ein gerechter, reiner, geheiligter Mensch.

Satan wird dir immer wieder einreden wollen, wie schlecht du doch bist, dass du es nicht zu übertreiben brauchst, dass Gott dir diesen Fehler unmöglich schon wieder verzeihen kann usw. Aber glaube diesen Lügen nicht! Denn wenn Gott dich ansieht, sieht er seine geliebte Tochter. Du bist sein Mädchen! Er sieht mehr in dir, als du es erahnen kannst. Kennst du die Geschichte von Gideon? Obwohl Gott sah, dass Gideon voller Angst war, sprach er ihn mit »du tapferer Held« an (siehe Richter 6,12; ELB). Gott sah in ihm mehr, als Gideon von sich glaubte.

Löse dich von den Meinungen anderer Menschen und den vielen Lebenslügen, die sich über die Jahre in dir gefestigt haben:

»Andere Mädchen sind viel hübscher als ich.«
»Mit mir stimmt etwas nicht.«
»Ich bin nichts wert.«

Höre auf das, was Jesus dir sagt. Sieh in den Spiegel und erkenne die Tochter Gottes, die Tochter des großen Königs. Wenn du dich mit Gottes Augen siehst, wirst du aufhören, dich um dich selbst zu drehen, und endlich auf das Ziel hinleben, für das du geschaffen worden bist: die Ehre Gottes.

Du darfst auch mal hinfallen. Aber dann steh wieder auf, sieh in den Spiegel und sage dir neu: »Ich bin Gottes geliebte Tochter!«

MITTEN INS LEBEN

Stell dich vor den Spiegel. Lies die Bibelstellen, die unten angegeben sind, und dann sieh dir in die Augen und sag dir laut ins Gesicht, was Gott sieht, wenn er dich anschaut. Tu das in den nächsten sieben Tagen jeden Morgen. Du wirst garantiert eine Veränderung bemerken, wenn du täglich deine Lebenslügen durch die Wahrheit Gottes ersetzt!

~

All denen aber, die ihn aufnahmen und an seinen Namen glaubten,
gab er das Recht, Gottes Kinder zu werden.

JOHANNES 1,12; NL

In Christus Jesus hat er euch geheiligt, so wie er die Gläubigen
auf der ganzen Welt geheiligt hat – alle, die den Namen von
Jesus Christus, unserem Herrn, anrufen.

1. KORINTHER 1,2; NL

Überlass deine Liebesgeschichte Gott

REGINA NEUFELD

Meine geliebte Tochter,

ich genieße es, zu sehen, wie dich die Vorfreude auf eine überwältigende Liebesgeschichte erfüllt. Vielleicht kannst du es kaum erwarten, deinem Traumprinzen zu begegnen. Doch eine glückliche Beziehung hat einige Voraussetzungen. Achte darauf, dass weder jetzt noch in deiner zukünftigen Beziehung Unreinheit auch nur den Hauch einer Chance hat. Halte alles von dir fern, was deine Beziehung zu mir oder zu deinem Freund und späteren Ehemann hindert. Setzt alles daran, mich als eure stärkste Verbindung zu haben. Dann werde ich euch führen und zeigen, wie ihr ein Leben lang miteinander glücklich sein werdet.

Dann sprach Gott, der Herr: »Es ist nicht gut für den Menschen, allein zu sein. Ich will ihm ein Wesen schaffen, das zu ihm passt.« (…) Das erklärt, warum ein Mann seinen Vater und seine Mutter verlässt und sich an seine Frau bindet und die beiden zu einer Einheit werden.

1. MOSE 2,18+24; NL

173

Ist das nicht ein wunderschönes Bild? Gott schuf zwei Menschen, die füreinander bestimmt waren. Sie passten super zusammen. Ein Mann und eine Frau bilden eine neue Familie und werden eine eigene Einheit, die durch nichts zu trennen sein soll. Ein Lehrer meiner Bibelschule sagte dazu immer: Der Mann klebt wie UHU an der Frau. Heutzutage ist es leider ein seltenes Bild, dass Mann und Frau ihr Leben lang fest zusammenkleben. Scheidung ist so einfach geworden, auch eine Trennung vor der Ehe. Doch tief in unserem Herzen sehnen wir uns nach einem Leben mit einem einzigen Mann.

Wie kriegen wir das aber hin?

Als die Liebesgeschichte mit meinem Mann begann, schwebte ich auf Wolke sieben. Alles schien wie ein Traum, nein, sogar noch schöner. Eines Tages hielt ich dann den Brief in den Händen, in dem er mir offenbarte, dass er Gefühle für mich hatte. War das ein überwältigender Moment! Und als wir uns einige Tage später trafen und gemeinsam spazieren gingen, hielt er irgendwann an und sagte mir persönlich, was er für mich empfand und dass er sich eine gemeinsame Zukunft mit wir wünschte. Das Erste, was wir dann taten, war, zusammen zu beten. Während unserer Kennenlernphase gehörten der Austausch über das, was wir mit Gott erlebten, und die Gebete für die Anliegen des anderen dazu. Wir wünschten uns, dass Gott weiterhin das feste Band zwischen uns blieb. Mit der Zeit merkte ich aber, wie schwierig es war, das Geistliche im Vordergrund zu behalten. Wir redeten weiter über Gott und beteten auch am Ende jedes Telefonats zusammen. Doch wenn wir uns am Wochenende gesehen haben, wäre ich am liebsten die ganze Zeit mit ihm alleine gewesen und hätte in seinen Armen gelegen.

Wenn du dich dafür entscheidest, deine Liebesgeschichte Gott zu überlassen, ist hier die Herausforderung nicht etwa zu Ende. Zwei der Dinge, die ich während dieser Zeit gelernt habe, helfen dir vielleicht weiter.

1. Von Anfang an Jesus als Mittelpunkt

Für meinen Mann und mich war Gott von Anfang an der wesentliche Teil unserer Beziehung. Doch es gibt auch Paare, die nicht miteinander beten können, obwohl beide Christen sind. Sie meinen, dass das nicht so wichtig sei oder sich dies in der Ehe schon noch ändern wird. Doch Tatsache ist: Je später man damit beginnt, desto schwieriger wird es. Und wer Gott außen vor lässt, verpasst unzählige Momente, die weit über die irdische Romantik hinausgehen. Eine Liebesbeziehung besteht aus unterschiedlichen Komponenten. Die Romantik ist der Teil, der erst zunehmen sollte, wenn die Freundschaft und die geistliche Bindung bereits fortgeschritten sind, sonst stehst du in der Gefahr, zu schnell etwas von dir herzugeben und es später zu bereuen. Heutzutage läuft das meistens aber andersherum: Man lernt sich kennen, geht zusammen aus, schreibt sich unzählige SMS, bis man schließlich zusammen ist. Das ist in diesem Moment auch unbeschreiblich schön, doch ehe man sich versieht, übernehmen Emotionen und Leidenschaft das Ruder. Deshalb verbringt die gemeinsame Zeit lieber damit, über Gott zu reden und darüber, was ihr in der Bibel gelesen habt. Lest gemeinsam Bücher, die euch in eurem Glauben und in eurer Beziehung weiterbringen. Und betet miteinander, singt zusammen. Und auch eure persönliche Beziehung zu Gott sollte nicht unter eurer Beziehung leiden. Wenn ihr merkt, dass eure Beziehung dazu beiträgt, dass ihr Gott näher kommt, ist das die beste Voraussetzung für eine erfüllte Ehe.

2. Von Anfang an Grenzen setzen

Und damit meine ich nicht die Grenze zum gerade noch Erlaubten, sondern die, die euren Fokus auf Jesus hält. Je mehr körperliche Nähe ihr zulasst, umso schwerer macht ihr es euch. In 1. Korinther 7,9 steht, dass es einer Beziehung nicht guttut, wenn die Leidenschaft lodert, die noch nicht gestillt werden kann. Und was ist mit dem Küssen? Die Entscheidung liegt bei euch, doch aus meiner Erfahrung macht es vieles komplizierter. Erst recht, wenn ihr merkt, dass eure körperliche Anziehungskraft größer ist als die Tiefe eurer Gespräche. Vielleicht hast du dich auch schon auf Kompromisse eingelassen – schließlich war es nicht richtig Sex. Doch rein technisch noch Jungfrau zu sein, ist nicht gleichzusetzen mit Reinheit. Manche Paare denken sich, sie würden sowieso bald heiraten, also wozu warten ... Doch die Bibel sagt ganz klar, wenn auch nicht in einem konkreten Satz, dass jegliche Art von Sexualität in die Ehe gehört. Das ist nicht leicht in unserer heutigen Zeit, in der man als unnormal gilt, wenn man mit 18 noch Jungfrau ist. Doch Gott möchte dich dadurch schützen. Das, was du vor der Ehe von dir weggibst, bekommst du nie wieder zurück.

Es ist nie zu spät, einen Schritt zurückzugehen und Gott zum Mittelpunkt unserer Liebesbeziehung zu machen. Wenn wir Fehler machen, vergibt Gott uns gern und schenkt uns die Kraft, auf dem richtigen Weg zu bleiben.

MITTEN INS LEBEN

Welche Ziele und Standards setzt du dir für deine (zukünftige) Beziehung? Überlege dir auch ganz konkrete Grenzen, wie beispielsweise »nicht mehr als 5 SMS pro Tag« (damit ihr einander genug Freiraum für die persönliche Entfaltung lasst) oder »die Tür offen lassen, wenn wir zu zweit sind«. Sprich mit deinem Freund immer wieder über eure Grenzen, aber vor allem auch über eure Ziele, und betet zusammen dafür, dass Gott die Richtung und das Tempo eurer Beziehung vorgibt.

～

Macht nicht gemeinsame Sache mit Menschen,
die nicht an Christus glauben und daher andere Ziele verfolgen
als ihr. Oder haben Gerechtigkeit und Gesetzlosigkeit irgendetwas miteinander zu schaffen? Gibt es irgendeine Gemeinsamkeit
zwischen Licht und Finsternis?

2. KORINTHER 6,14; NGÜ

Weil ihr Gott gehört, soll es keine Unzucht, Unreinheit oder Habgier
unter euch geben.

EPHESER 5,3; NL

Wer sagt dir, wer du bist?

REGINA NEUFELD

Meine Tochter,

du bist so kostbar in meinen Augen, aber nicht weil du etwas Besonderes geleistet hast. Ich liebe dich einfach, weil du meine Tochter bist. Genauso liebe ich alle Menschen, ohne Ausnahme. Jeder hat vor mir denselben Wert. Doch bei euch Menschen ist das oft anders. Viele überschätzen sich und erheben sich über andere. Sie bestimmen, wer welchen Wert und welche Wichtigkeit hat. Aber denke immer daran: Nur ich als dein Schöpfer kann dir sagen, wer du bist und wie viel du wert bist: unendlich viel! Weil ich deine Mitmenschen genauso sehr liebe wie dich, begegne ihnen liebevoll und mit Achtung. Ich wünsche mir, dass andere durch dein Verhalten, durch die Begegnung mit dir meine Liebe direkt und praktisch erleben.

Glücklich ist der Mensch, der nicht auf den Rat der Gottlosen hört, der sich am Leben der Sünder kein Beispiel nimmt und sich nicht mit Spöttern abgibt.

PSALM 1,1; NL

179

Kennst du die Geschichte »Du bist einmalig« von Max Lucado? Ich kenne sie inzwischen sehr gut, weil meine Kinder fast täglich mit diesem Buch zu mir kommen. Es geht darin um ein Volk von Holzpuppen, die Wemmicks, die den lieben langen Tag nichts anderes zu tun haben, als einander zu beurteilen. Kann jemand etwas Tolles, bekommt er einen Stern. Ist einer so ungeschickt wie die Holzpuppe Punchinello, klebt man ihm graue Punkte dran. Und wenn ein Wemmick einem anderen Punkte aufklebt, kommen gleich noch andere dazu, um ihm noch mehr Ungeschicklichkeits-Punkte anzuhängen. Irgendwann hatte Punchinello so viele graue Punkte, dass die anderen Holzpuppen begannen, ihm ohne Grund welche anzukleben. Der arme Kerl traute sich kaum noch raus oder hielt sich vorwiegend unter denen auf, die bei den anderen ebenfalls schlecht abschnitten.

Man könnte auch sagen, die anderen Holzpuppen haben Punchinello gemobbt. Durch Mobbing, also durch gezieltes Ausgrenzen über einen längeren Zeitraum, kann man einem Menschen das Leben wirklich schwer machen. Viele gehen daran kaputt, manche nehmen sich das Leben, weil sie es nicht länger ertragen.

Wahrscheinlich ist jeder von uns schon einmal in irgendeiner Weise mit Mobbing in Berührung gekommen. Vielleicht bist du ja regelmäßig Zeuge davon, wie hinter dem Rücken einer Mitschülerin getuschelt und gekichert wird und der Lehrer auch noch eine abwertende Bemerkung über sie macht, weil sie nicht so sportlich ist wie andere. Vielleicht bist du auch diejenige, deren Sachen durch den Klassenraum geworfen werden und neben der niemand sitzen möchte, weil du durch dein Aussehen auffällst oder weil du dich einfach schlecht wehren kannst. Vielleicht gehörst du aber auch zu denen, die andere durch herablassende Kommentare bei Facebook niedermachen oder ausgrenzen.

Zu welcher Gruppe du auch gehörst, es ist wichtig, dass du dir bewusst darüber wirst:

1. Gott toleriert es nicht, wenn du wegschaust, wenn andere ungerecht behandelt werden, oder wenn du selbst andere mobbst.

2. Mobbing kann schwere Konsequenzen für Betroffene haben. Mobbingopfer geraten immer mehr in die Isolation. Sie fangen an, selbst daran zu glauben, dass etwas nicht mit ihnen stimmt, suchen die Schuld bei sich selbst und vertrauen sich deshalb meistens auch niemandem an. Mobbing kann Schlafstörungen verursachen und andere körperliche und seelische Auswirkungen wie eine Depression. Viele Betroffene meiden das Umfeld, in dem sie gemobbt werden, zum Beispiel die Schule, und ziehen sich somit noch mehr zurück. Für sie ist kein normales Leben mehr möglich. Heutzutage geschieht Mobbing auch sehr häufig in Form von Cybermobbing im Internet. Man veröffentlicht peinliche Fotos von einer Person oder schreibt sehr hässliche Kommentare an die Pinnwand, die vielen anderen »gefallen«.

Warum tun Menschen so etwas? Viele Täter versuchen eigentlich nur, ihre eigenen Unsicherheiten oder Schwächen durch dieses Verhalten zu verbergen. Besonders Mädchen tun dies oft dadurch, dass sie Gerüchte verbreiten. Doch ein solches Verhalten verurteilt Gott. In dem Vers in Psalm 1 steht, dass derjenige glücklich ist, der nicht über andere spottet. Worin wir aber unser Glück finden, ist die Liebe. Eines der zwei wichtigsten Gebote in der Bibel ist das Gebot, unsere Mitmenschen zu lieben. Jesus hat dieses Gebot absolut konsequent gelebt, indem er sich mit den Außenseitern abgab, sich mit Betrügern an einen Tisch setzte oder von der Gesellschaft ausgestoßene Leprakranke berührte. Diesem Vorbild sollen wir folgen.

Und was ist mit denjenigen, die »nur« zugucken, wie anderen Unrecht geschieht, oder die wegschauen, wenn ihre Hilfe gefragt ist? In der Geschichte vom barmherzigen Samariter (Lukas 10,30–35) sind die ersten beiden Menschen, die den verletzten und ausgeraubten Mann sahen, achtlos an ihm vorbeigegangen. Erst ein Samariter, selbst ein Außenseiter in der Gesellschaft, hielt an und half dem Mann. Jesus sagte zu dem Gelehrten, dem er gerade dieses Gleichnis erzählt hatte: »Nun geh und mach es genauso« (Lukas 10,37b; NL).

Wir dürfen nicht wegsehen! Viele sind von der Angst gelähmt, selbst zur Zielscheibe der Mobbingattacken zu werden. Doch das entbindet uns nicht von der Nächstenliebe. Wir können anderen helfen, indem wir sie verteidigen. Du kannst mit der betroffenen Person gemeinsam nach Hilfe suchen. Aber das Wichtigste ist: Bringe ihr Wertschätzung entgegen. Ein freundliches Wort von dir kann ihren ganzen Tag erhellen.

Wie ging nun die traurige Geschichte für Punchinello aus? Sein Leben begann sich zu verändern, als er Lucia traf. Dieses Mädchen hatte weder Punkte noch Sterne an sich und war so ganz anders als alle anderen. Was ihr Geheimnis war? Der tägliche Besuch bei Eli, dem Holzschnitzer, hatte ihr gezeigt, dass es nicht wichtig ist, was andere über sie denken. Obwohl Punchinello Angst hatte, zu Eli zu gehen, war dies seine letzte Hoffnung. Er war sehr verwundert, als er erfuhr, dass Eli seinen Namen kannte. Aber dass diesem Holzschnitzer auch noch völlig egal war, dass er von grauen Punkten übersät war, brachte Punchinello vollkommen aus der Fassung. Eli sagte zu ihm:»Wer sind sie denn, dass sie Sterne oder Punkte vergeben? Sie sind Wemmicks, genau wie du.«[*] Als Punchinello das Haus von Eli verließ, fiel der erste graue Punkt von ihm ab.

Niemand hat das Recht, andere zu bewerten und zu verurteilen. Es ist nicht wichtig, was andere über uns denken. Was zählt, ist nur eins: wie Gott über uns denkt.

---

[*] Max Lucado, Du bist einmalig, Holzgerlingen: Hänssler, 3. Aufl. 2004, S. 25.

MITTEN INS LEBEN

Gibt es Menschen in deiner Umgebung, die regelmäßig von anderen niedergemacht werden? Wie kannst du ihnen helfen, den Wert, den Gott ihnen verleiht, zu erkennen? Wenn du selbst Mobbing erlebst, dann schweige nicht länger. Vertrau dich deinen Eltern oder einer anderen Person an, denn du musst nicht allein damit fertig werden. Und mach dir immer wieder die Wahrheit bewusst: Es ist nicht wichtig, was andere über dich denken. Für Gott bist du unbeschreiblich wichtig und wertvoll!

∾

[Jesus sagt:] »So gebe ich euch nun ein neues Gebot: Liebt einander. So wie ich euch geliebt habe, sollt auch ihr einander lieben. Eure Liebe zueinander wird der Welt zeigen, dass ihr meine Jünger seid.«

JOHANNES 13,34–35; NL

[Paulus schreibt:] »Ich rufe daher aufgrund der Vollmacht, die Gott mir in seiner Gnade gegeben hat, jeden Einzelnen von euch zu nüchterner Selbsteinschätzung auf. Keiner soll mehr von sich halten, als angemessen ist. Maßstab für die richtige Selbsteinschätzung ist der Glaube, den Gott jedem in einem bestimmten Maß zugeteilt hat.«

RÖMER 12,3; NGÜ

Handy, Facebook & Co

REGINA NEUFELD

Mein geliebtes Kind,

ich habe dir das Leben geschenkt, damit du die Gemeinschaft mit mir und deinen Mitmenschen genießen kannst. Spüre jeden Sonnenstrahl und jeden Regentropfen auf deiner Haut. Lausche den Liedern, die die Natur für mich singt. Erfreue dich am Duft einer Blume. Komme zur Ruhe beim Gespräch mit einer Freundin. Dein Leben ist zu kurz, um es zu verschwenden mit sinnlosen Dingen, die dir keine Erfüllung schenken. Ehe du dich versiehst, ist wieder ein Tag, eine Woche, ein Jahr vorüber, und das Leben zieht an dir vorbei, während du auf einen Monitor starrst und virtuell am Leben anderer teilnimmst. Du weißt nicht, wie viel Zeit du auf der Erde verbringen wirst. Darum lebe zu meiner Freude, denn dafür habe ich dich geschaffen und darin findest du echte Zufriedenheit.

Meide alles gottlose, dumme Geschwätz, das nur
zu noch mehr Gottlosigkeit führt.

2. TIMOTHEUS 2,16; NL

Dieses dumme Geschwätz, von dem hier die Rede ist, hat in unserer technisierten Welt in den letzten Jahren dramatisch zugenommen. Viele schreiben über 1000 SMS pro Monat, verbringen Stunden in Chats oder bei Facebook. Ja, so ein Smartphone ist sehr nützlich. Ich wüsste nicht, wie es wäre, wenn ich nicht mal eben meinen Mann anrufen oder wenn ich unterwegs nicht meine Mails checken und Dinge auf die Schnelle klären könnte. Durch Facebook sind wir immer auf dem neusten Stand, wissen, was gerade bei unseren Freunden läuft, und können auch mit Leuten, die wir kaum noch sehen, Kontakt halten. Und wir vergessen keinen Geburtstag mehr ... Ja, Handy, Facebook & Co sind wirklich überaus praktisch. Doch die Gefahren blenden wir gerne aus.

1. Zeitverschwendung

Als ich mir ein Smartphone zugelegt hatte mit all den Apps, die mir interessant schienen, verbrachte ich bald, ohne dass ich es merkte, immer mehr Zeit mit dem Gerät. Ich griff immer häufiger zu meinem Handy, selbst wenn ich im Auto neben meinem Mann saß oder mit den Kindern spielte. Und mein Laptop? Ich gehöre zwar nicht zu denjenigen, die Stunden im Netz surfen können, aber es gibt bestimmte Seiten, auf denen ich Stunden zubringen kann. Doch irgendwann habe ich beschlossen, dass meine Zeit zu kostbar ist. Mein Leben ist zu kurz, um es mit »dummem Geschwätz« zu verbringen.

Wie willst du deine 24 Stunden nutzen, wie viel Zeit willst du mit Surfen, Posten und Simsen verbringen?

2. Selbstliebe

Warum muss alle paar Tage ein neues Profilbild her? Warum muss jeder wissen, was du gerade tust, mit wem du unterwegs bist oder was du isst? Sicher, wenn wir es interessant finden zu erfahren, was bei den anderen gerade los ist, werden die sich wohl auch für uns interessieren. Aber prüfe einfach mal deine Motive, wenn du wieder ein Foto von dir hochlädst. Geht es dir darum, auf dich aufmerksam zu machen und Komplimente zu bekommen? Um wen geht es in deinem Leben? Bist du der Mittelpunkt – oder Gott?

3. Du gibst zu viel von dir preis

Als ich zehn oder elf war, bekam ich mein erstes Tagebuch. Besonders, wenn es mir schlecht ging, schrieb ich mir alles von der Seele und verschloss hinterher mit einem Schlüssel meine Geheimnisse. Niemand erfuhr jemals davon. Heute gibt es kaum noch Geheimnisse. Ich erfahre über Facebook, wenn es jemandem richtig dreckig geht. Alle wissen es. Doch auf FB kann man nicht nur Einblicke in dein Gefühlsleben bekommen, sondern anhand deiner Angaben auch einen kompletten Lebenslauf von dir schreiben. Wenn ein Junge dich kennenlernen möchte, sucht er einfach nach deinem Profil und weiß praktisch alles über dich. Fragen und Gespräche sind überflüssig. Nicht nur deine Privatheit und deine weibliche Ausstrahlung leiden, wenn du zu viel von dir preisgibst. Du begibst dich auch in Gefahr, weil dich jeder verfolgen, überprüfen kann.

Schütze dein Herz und dein Leben, indem du nur ausgewählte Informationen über dich veröffentlichst.

4. Oberflächliche Beziehungen

Hast du an deinem Geburtstag schon mal ein HBY an deiner Pinnwand gelesen oder als SMS bekommen? Das ist meist kein echter herzlicher Gruß. Du bekommst um die hundert Grüße, aber welche davon kommen von Herzen? Welchen Menschen, die an dich »denken«, bedeutest du tatsächlich etwas? Du kannst 1.000 Freunde haben und dich doch einsam fühlen. Denn für die anderen bist du auch nur eine von vielen.

Ich telefoniere nicht sonderlich gerne. Aber wenn jemand Geburtstag hat, den ich besonders gernhab, versuche ich, ihn anzurufen, statt ihm mal eben schnell zu schreiben. Oder ich schicke der Person eine handgeschriebene Karte mit lieben Wünschen, die ich mir nur für sie überlegt habe.

Jesus sagt:»Liebt einander. So wie ich euch geliebt habe, sollt auch ihr einander lieben« (Johannes 13,34; NL). Was meinst du, wie ein Geburtstagsgruß von Jesus aussehen würde?

Handy, Facebook & Co – sie sollten unser Leben nicht bestimmen. Doch wir können sie nutzen, um Gottes Liebe weiterzugeben:

1. Es gibt viele gute Seiten, die dir täglich geistliche Impulse schicken und dich auf interessante Artikel aufmerksam machen.

2. Du kannst selbst Bibelverse, Zitate oder deine Erfahrungen mit Gott teilen und andere zum Nachdenken anregen. Dadurch lenkst du den Blick deiner Freunde auf Gott statt auf dich selbst.

3. Ob durch Internet oder Handy – du kannst mit einer Nachricht viele Leute erreichen und so Gebetsanliegen verbreiten oder jemanden ermutigen.

MITTEN INS LEBEN

Verbringst du sehr viel Zeit mit deinem Handy oder bei Facebook?
Vielleicht wäre eine längere Pause sinnvoll, um zu lernen, auch ohne
diese Dinge klarzukommen. Du wirst echte »Real life«-Beziehungen
und alles, was um dich herum geschieht, viel bewusster wahrneh-
men können. Setze dir selbst gewisse Grenzen, zum Beispiel ein
Limit, wie viel Zeit du täglich bei Facebook verbringen willst.
Wie möchtest du die technischen Möglichkeiten in Zukunft nutzen,
um andere auf Gott aufmerksam zu machen?

~

Verhaltet euch klug im Umgang mit denen, die nicht zur Gemeinde
gehören. Wenn sich euch eine Gelegenheit bietet, euren Glauben zu
bezeugen, dann macht davon Gebrauch.

KOLOSSER 4,5; NGÜ

Liebe Freunde, seid schnell bereit, zuzuhören, aber lasst euch
Zeit, ehe ihr redet oder zornig werdet.

JAKOBUS 1,19; NL

Wer betet, gibt sich hin

NELLI LÖWEN

Meine liebe Tochter,

du bedeutest mir sehr viel. So viel, dass ich für dich alles losgelassen habe – meine Rechte, ja, sogar mein Leben. Loslassen ist schwer, das weiß ich. Du klammerst dich mit ganzer Kraft an dein Leben und glaubst, es so selbst besser gestalten zu können, anstatt mir dein Leben zu überlassen, damit ich es gestalten kann. Ich wünsche mir so sehr, dass du dich selbst immer mehr loslässt und mir die verschiedenen Bereiche deines Lebens anvertraust. Ich möchte dir heute sagen: Bete und bete! Je mehr du mir im Gebet dein Leben anvertraust, umso mehr gibst du dich mir hin. Je mehr ich von deinem Leben in meiner Hand halte, desto mehr kann ich dein Leben gestalten. Die Frage ist: Willst du es?

[Jesus betete:] »Aber nicht was ich will, sondern was du willst, soll geschehen.«

MATTHÄUS 26,39; HFA

191

Ich finde es so spannend, dass wir von Jesus viel über das Gebet lernen können. Obwohl Jesus auf der Erde Mensch und Gott zugleich war, brauchte er das Gespräch mit seinem Vater im Himmel. Häufig ging er an einen einsamen Ort, um mit Gott zu sprechen. Er wusste genau, dass er ihn gerade in harten Momenten dringend brauchte, und betete kurz vor seiner Kreuzigung darum, dass sein himmlischer Vater ihn vor dem Tod verschonen möge: »Mein Vater, wenn es möglich ist, lass diesen bitteren Kelch an mir vorübergehen! Aber nicht wie ich will, sondern wie du willst« (Matthäus 26,39). Jesus betete so heftig, dass er Blut schwitzte. In dieser krassen Situation wusste er eins ganz sicher: Gott kann das Blatt wenden. Gott selbst kann ihn vor Schmerz und Leid beschützen. Ihm war es klar, dass Gott sein Gebet hört und er handeln kann. Gleichzeitig war es Jesus wichtig, dass es nicht nach seinem eigenen Willen geht, sondern nach dem Willen seines Vaters. Er wusste, dass Gott nur dann die Situation ändert, wenn dieser es selbst auch will. Jesus wünschte sich nichts sehnlicher, als den Willen Gottes zu erfüllen. Als Jesus »Dein Wille soll geschehen« betete, zeigte er seine Hingabe an Gott auf unglaublich eindrückliche Art.

Sich jemandem hinzugeben bedeutet, sich ihm ganz zur Verfügung zu stellen. Und sich mit Haut und Haaren zur Verfügung zu stellen heißt, sich ihm auszuliefern. Das ist eine gefährliche Sache. Denn wenn wir das tun, geben wir die Kontrolle ab. Aber genau das wünscht sich Gott von uns: dass wir loslassen und ihm vertrauen.

Stell dir vor, du hast dich mit deiner besten Freundin so richtig gezofft und schon seit einigen Tagen herrscht zwischen euch totale Funkstille. Keiner von euch beiden möchte einen Schritt auf den anderen zugehen. Du hast Angst, dass du deine Freundin verlierst, und wünschst dir so sehr, dass ihr wieder Freunde seid. Natürlich kannst du die Sache einfach selbst regeln und zu ihr hingehen, ohne mit Gott vorher darüber zu sprechen. Aber welchen Unterschied würde es machen, wenn du mit Jesus über diese blöde Situation sprechen würdest? Wenn du ihn von ganzem Herzen darum bitten würdest, euch wieder zusammenzubringen? Durch dein Gebet würdest du zum Ausdruck bringen, dass du in dieser Angelegenheit ganz von Gott abhängig bist. Du wüsstest: Gott hört dein Gebet. Er kann eure Freundschaft reparieren. Aber er wird frei entscheiden, wie er dir antwortet.

Oder stell dir vor: Du hast dich für eine Ausbildung zur Industriekauffrau beworben. Du betest, du sagst Gott, dass du unbedingt die Stelle haben willst, aber du legst die Sache auch ganz in seine Hand. Nach ein paar Wochen bekommst du eine Absage. Vielleicht will Gott dir damit sagen:»Ich habe einen anderen Weg für dich, der am Ende viel besser für dich ist.«

Ich habe Jesus vor einigen Jahren, während ich noch auf der Bibelschule war, darum gebeten, mir einen Praktikumsplatz bei ERF Medien zu schenken. Leider hatte ich damals eine Absage bekommen. Ich war ein wenig traurig, doch ich wusste, dass Jesus mein Leben im Blick hat und mir vielleicht noch etwas Besseres schenken wird. Genauso passierte es dann auch. Ich habe durch ein Wunder dann doch einen Praktikumsplatz bei ERF Medien bekommen, jedoch in einer anderen Abteilung. Es hat mir so gut gefallen, dass ich mich ein Jahr später dort für ein Volontariat beworben habe. Tja, und heute arbeite ich in dieser Abteilung.

Gott ist gut, und er überrascht uns immer wieder, wenn wir unser Leben loslassen und ihn machen lassen. Wenn wir daran glauben, dass seine Wege die besten für uns sind, werden wir innerlich ruhig. So wie der kleine Matrosenjunge. Die Geschichte muss ich dir hier noch erzählen: Ein Schiffskapitän hatte seinen kleinen Sohn mit an Bord. In einer Nacht war der kleine Junge unruhig und konnte nicht gut schlafen. Als ein Matrose bei seiner Kajüte vorbeigeht, fragt der kleine Junge ihn:»Sag mal, steuert mein Vater gerade das Schiff?« Der Matrose bejahte seine Frage:»Ja, dein Vater steuert gerade das Schiff.« Daraufhin ging der kleine Junge wieder in sein Bett und schlief seelenruhig ein. Er vertraute seinem Vater. Ihn beruhigte es, dass sein Vater gerade das Schiff unter Kontrolle hatte.

Diese Gelassenheit können wir auch erleben. Bitte Gott, dir zu helfen. Und dann vertrau ihm, und überlasse es ihm ganz, wie er deine Gebete erhören und dein Leben lenken wird. Wenn er dein Leben in seiner Hand hat, dann brauchst du keine Angst zu haben.

MITTEN INS LEBEN

Es muss für Jesus hart gewesen sein, sich sogar Gottes Willen zu wünschen, obwohl es um Leben und um Tod geht. Er wünscht sich auch in dieser Situation, dass Gottes Wille in seinem Leben geschieht. In welchen Bereichen in deinem Leben machst du dir gerade viele Gedanken und Sorgen? Lerne von Jesus, und fang an, genau diese Dinge bewusst Gott abzugeben. Lass seinen Willen in deinem Leben geschehen und lasse deinen Willen immer mehr los.

∾

Darum sollt ihr so beten:
Unser Vater im Himmel! Dein Name werde geheiligt.
Dein Reich komme.
Dein Wille geschehe wie im Himmel so auf Erden.
MATTHÄUS 6,9–10; LU

Stellt euer ganzes Leben Gott zur Verfügung!
Bringt euch Gott als lebendiges Opfer dar,
ein Opfer völliger Hingabe, an dem er Freude hat.
RÖMER 12,1; GN

Let's talk about Jesus!

NELLI LÖWEN

Meine Tochter,

ich tue alles, was an mir liegt, um dich zu verändern und dich mir ähnlicher zu machen. Ich bin sehr froh, dass du zu mir gehörst. Wenn ich mit dir Gemeinschaft habe, dann jubelt mein Herz. Aber weißt du, dass ich mich auch danach sehne, dass deine Freunde, deine Familie, deine Klassenkameraden und deine Nachbarn mich kennenlernen? Es gibt so viele Menschen, die noch nicht in einer Beziehung mit mir leben. Das macht mich traurig, denn ich will so gerne auch mit ihnen Gemeinschaft haben! Willst du ihnen nicht von mir erzählen? Geh und erzähl ihnen von mir. Ich werde an deiner Seite sein und dir meine Worte in deinen Mund legen.

Zu dieser Botschaft bekenne ich mich offen und ohne mich zu schämen, denn das Evangelium ist die Kraft Gottes, die jedem, der glaubt, Rettung bringt.

RÖMER 1,16; NGÜ

Ich bin von Jesus begeistert – solange ich mich im sicheren Rahmen bewege. Der »sichere Rahmen« heißt: Gemeinde, Teenkreis, Jugendkreis, Familie. Aber wenn ich mit meinen Freunden aus der Schule unterwegs bin, die nichts mit Jesus anfangen können, werde ich plötzlich sehr ruhig, wenn es um das Thema Glaube und Gott geht. Schließlich muss es ja nicht jeder wissen ... Ist doch okay, wenn man auch mal etwas für sich behält. Was würden die anderen denn von mir denken, wenn ich ihnen plötzlich sage, dass Jesus mir heute bei der Klassenarbeit geholfen hat? Die würden mich doch nur auslachen. Bestimmt würden sie mich komisch finden. Dieses Risiko kann und darf ich nicht eingehen. Ich will doch kein Außenseiter sein!

Kennst du solche Gedanken auch? Es fühlt sich irgendwie komisch an, mit Julia und Jenny, die Jesus eben nicht kennen, über den Glauben zu reden. Irgendwie ist es ja auch krass, dass man wirklich eine innere Verbindung mit dem Schöpfer der Welt haben kann. Mit dem, der die Berge und die Meere geschaffen hat. Ja, es ist auf den ersten Blick sogar verständlich, dass Klassenkameraden darüber lächeln. Sie können es sich eben nicht vorstellen, dass es etwas Größeres gibt als unsere Welt und unseren menschlichen Verstand. Sie haben es noch nie erlebt, wie gut es ist, mit Jesus in einer Beziehung zu leben. Aber ganz egal, ob sie über uns lachen oder ob sie sich ernsthaft mit uns darüber unterhalten wollen – wir haben einen Auftrag von Gott: Wir sollen unseren Glauben an Jesus nicht geheim halten. Er wünscht sich, dass wir anderen von ihm erzählen. Er liebt uns und freut sich darüber, dass wir uns auf ihn eingelassen haben. Doch er liebt auch die anderen Menschen. Und er liebt sie genauso wie uns! In Johannes 3,16 (NGÜ) steht:»Denn Gott hat der Welt seine Liebe dadurch gezeigt, dass er seinen einzigen Sohn für sie hergab, damit jeder, der an ihn glaubt, das ewige Leben hat und nicht verloren geht.«

Das Coole ist, dass Jesus dich und mich gebrauchen möchte, damit noch viele Menschen von ihm hören. Gottes tiefste Sehnsucht ist es, dass alle Menschen zu seiner Familie gehören! Und dafür sollen wir, seine Nachfolger, uns einsetzen. Der Apostel Paulus ist da ganz mutig. Er schreibt in Römer 1,16:»Zu dieser Botschaft bekenne ich mich offen und ohne mich zu schämen, denn das Evangelium ist die Kraft Gottes, die jedem, der glaubt, Rettung bringt.«Paulus lebt mit Jesus und er hat ewiges Leben, das kann und möchte er den anderen nicht vorenthalten. Die beste Botschaft der Welt muss ihnen erzählt werden! – Wir dürfen diesen Schatz, den wir in Jesus haben, nicht für uns behalten. Stell dir vor, deine Freundin hört durch dich von Jesus und entscheidet sich für ein Leben mit ihm. Stell dir vor, eure Freundschaft wird ewig dauern, weil sie auch einmal im Himmel sein wird. Wäre das nicht einfach großartig?

Manchmal fällt es uns jedoch schwer, den Mund aufzumachen und Farbe zu bekennen. Ich kenne das persönlich auch sehr gut. Als ich in der 9. Klasse war, habe ich in Religion ein Referat zum Thema »Wahre Liebe wartet« gehalten. Es ging darum, dass Sex in die Ehe gehört. Ich war ziemlich aufgeregt, weil es natürlich bei so einem Thema auch um Gott geht, da mein Prinzip »Kein Sex vor der Ehe« eben aus der Bibel kommt. Es war nicht einfach, und ich brauchte ganz schön viel Mut dafür, über ein solches »heißes Eisen« zu sprechen. Aber als ich mit dem Referat fertig war, fühlte ich mich richtig gut, weil ich wusste: Egal, ob Menschen über solche Ansichten lachen oder nicht, ich tue das für Jesus – und das fühlt sich einfach großartig an.

In Matthäus 10,32 (NGÜ) sagt Jesus:»Wer sich vor den Menschen zu mir bekennt, zu dem werde auch ich mich vor meinem Vater im Himmel bekennen.«Jesus macht hier klar, dass Glaube keine Privatsache, kein Geheimnis ist. Dennoch möchte ich dir an dieser Stelle sagen, dass du dich jetzt nicht unter Druck setzen solltest, so nach dem Motto:»Jeden Tag MUSS ich meinen Klassenkameraden von Jesus erzählen.«Wenn du mit einer solchen Einstellung an die Sache rangehst, kommt das nur künstlich rüber und ist einfach nicht echt. Bete stattdessen lieber bewusst für Situationen, in denen du von Gott erzählen kannst. Und dann sei aufmerksam, wann gute Situationen kommen. Es muss keine Predigt sein. Oft reichen ein paar Sätze, zum

Beispiel darüber, wie Gott dein Gebet erhört oder wie er dir in einer schwierigen Situation geholfen hat. Vielleicht bist du bei den ersten zwei, drei Gelegenheiten aufgeregt, aber du wirst merken, dass du mit der Zeit immer lockerer wirst. Und das Schöne ist: Du bist nicht alleine! Wenn du deinen nicht christlichen Freunden von Jesus erzählst, hilft Jesus dir dabei. Und er hilft dir auch, ohne Worte – durch dein Leben – von ihm zu erzählen. Oft spricht unser Verhalten lauter von ihm als unsere Worte. Deshalb ist es wichtig, dass wir das *leben*, was wir glauben und anderen erzählen, denn sonst werden wir unglaubwürdig. Rede also mit deinem Leben und mit Worten von dem, der dein Leben prägt!

MITTEN INS LEBEN

Diese Woche geht's ans Eingemachte: Bete diese Woche bewusst für eine Situation, in der du jemandem von Jesus erzählen kannst. Vielleicht ist es nur ein Kommentar:»Wie schön das Wetter ist. Da bin ich Jesus aber dankbar!« Oder du bekommst die Gelegenheit, von einer persönlichen Gebetserhörung zu erzählen. Du wirst merken, es macht Freude, anderen Menschen von ihm zu erzählen. Gott ist mit dir! Ich bete für dich!

∼

[Jesus sagt:]»Geht hinaus in die ganze Welt, und ruft alle Menschen dazu auf, mir nachzufolgen! Tauft sie im Namen des Vaters, des Sohnes und des Heiligen Geistes! Lehrt sie, so zu leben, wie ich es euch aufgetragen habe. Ihr dürft sicher sein: Ich bin immer bei euch, bis das Ende dieser Welt gekommen ist!«

MATTHÄUS 28,19-20; HFA

Wer sich zu Jesus als dem Sohn Gottes bekennt, in dem lebt Gott, und er lebt in Gott.

1. JOHANNES 4,15; GN

Das unbeliebteste Gebot

REGINA NEUFELD

Meine geliebte Tochter,

du bist nicht nur mein Kind, sondern auch das Kind deiner Eltern. Ich habe dich ihnen anvertraut, sie sorgfältig für dich ausgesucht. Leider erfüllen nicht alle Eltern ihren Auftrag, ihre Kinder liebevoll zu erziehen. Manchmal wünschst du dir vielleicht eine andere Familie und glaubst, es woanders besser gehabt zu haben. Doch das ist nicht wahr. Ich weiß, was ich tue. Ich wünsche mir, dass du deinen Eltern Freude machst. Respektiere sie und ehre sie. Dafür werde ich dich ganz reich segnen. Wenn du deine Eltern schlecht behandelst, wirst du letztendlich am meisten darunter leiden. Deine Eltern sind nicht vollkommen. Erwarte deshalb keine Perfektion von ihnen. Ich allein kann dir alles geben, was du brauchst und wonach du dich sehnst. Wenn du dich nicht verstanden oder nicht geliebt fühlst, dann lauf in meine Arme. Bei mir bist du immer willkommen!

Ehre deinen Vater und deine Mutter. Dann wirst du lange in dem Land leben, das der Herr, dein Gott, dir geben wird.

2. MOSE 20,12; NL

Ich glaube, das ist eines der unbeliebtesten der Zehn Gebote. Während ich sagen kann, dass ich noch keinen Menschen getötet und noch nie etwas gestohlen habe, muss ich leider zugeben, dass mir das Eltern-Ehren in meiner Teenagerzeit manchmal recht schwerfiel. Wahrscheinlich hat jeder von uns im Laufe des Erwachsenwerdens hin und wieder Probleme damit. Ich glaube, dass wir bei diesem Gebot manchmal nicht einsehen, warum wir es beachten sollen. In unseren Augen haben es unsere Eltern vielleicht gar nicht verdient, geehrt zu werden. Vielleicht fühlst du dich eingeengt durch ihre Regeln und Verbote. Du willst Freiheit, dein Leben frei gestalten, dich entfalten und empfindest deine Eltern als Hindernis. Du lehnst dich gegen sie auf, weil du keinen anderen Weg siehst, auf deine Bedürfnisse aufmerksam zu machen; weil sie dir nicht zuhören, dich nicht verstehen. Vielleicht empfindest du deine Eltern auch als lächerlich, als kein gutes Vorbild, weil sie selbst nicht leben, was sie von dir erwarten oder was sie nach außen hin vorgeben.

Unsere Eltern zu ehren bedeutet nicht, dass wir unser Leben lang tun müssen, was sie von uns wollen. Es heißt auch nicht, dass du dafür verantwortlich bist, sie vollkommen zufriedenzustellen und sie glücklich zu machen. Und schon gar nicht bist du dafür verantwortlich, wenn es zwischen ihnen nicht gut läuft.

Es ist wirklich schwierig, einen Weg zu finden, unseren Eltern Ehre zu erweisen und uns dennoch zu selbstständigen Persönlichkeiten zu entwickeln. Irgendwann wirst du ausziehen, auf eigenen Beinen stehen, eine Familie gründen. Du musst lernen, dir eine eigene Meinung zu bilden und selbstständig zu denken und zu handeln. Dennoch möchte Gott, dass du deinen Eltern gehorsam bist, also ihre Regeln zu Hause befolgst, auch wenn du sie als zu streng empfindest.

Deine Eltern zu ehren bedeutet, sie zu lieben, zu respektieren, ihnen zu helfen. Aber in erster Linie geht es bei diesem Gebot immer noch um deine Beziehung zu Gott. Das bedeutet: Frag Gott nach seinem Willen, und versuche, diesen umzusetzen. Manchmal werden deine Eltern ihn vielleicht nicht ganz nachvollziehen können, aber du kannst ihnen auf respektvolle Art und Weise deinen Standpunkt erklären. Wenn der Wunsch deiner Eltern dem Willen Gottes allerdings widerspricht, solltest du Gott folgen, weil Gott die höhere Autorität ist.

Worum geht es denn, wenn du mit deinen Eltern diskutierst – um Klamotten, dein Zimmer, Schule, Freunde? Wie kannst du ihnen in diesen Situationen Respekt zeigen? Das ist manchmal echt nicht leicht, wenn du anderer Meinung bist. Aber du kannst dich dafür entscheiden. Bleib ruhig und höre ihnen erst einmal zu. Dann kannst du in ruhigem Ton deine Meinung äußern. Erweise deinen Eltern Ehre, weil sie dich lieben und für dich sorgen, aber vor allem, weil es der Wille Gottes ist.

Unsere Eltern sind keine Bösewichte, die deine Anschuldigungen und Verdammung verdienen. Sie sind Menschen, die auch Fehler machen. Vielleicht sind sie selbst tief verletzt worden. Das ist sicher keine Entschuldigung dafür, wenn sie dich nicht gut behandeln. Trotzdem hilft es, sie zu lieben, wenn du versuchst sie zu verstehen und ihnen zu vergeben. Selbst wenn deine Eltern deinen Glauben nicht teilen, vielleicht sogar dagegen sind, ist das keine Rechtfertigung für rebellisches Verhalten.

Auch die Eltern finden in der Bibel Richtlinien für ihr Verhalten ihren Kindern gegenüber. Sie sollen sie in Liebe und Disziplin erziehen: »Und ihr Väter, seid nicht ungerecht gegen eure Kinder. Erzieht sie vielmehr mit Disziplin und zeigt ihnen den richtigen Weg, so wie es Christus entspricht« (Epheser 6,4; NL). Vielen Eltern fällt es schwer, im Umgang mit ihren Kindern eine Ausgewogenheit zu finden. Manche verwöhnen ihre Kinder und erlauben ihnen alles, andere legen den Schwerpunkt auf die Disziplin und versäumen es, eine gute Beziehung zu ihren Kindern aufzubauen. Eine gute Beziehung ist allerdings von beiden Seiten abhängig. Wenn deine Eltern ihren Teil nicht erfüllen, befreit dich das nicht von deiner Verantwortung, dich um ein gutes Verhältnis zu ihnen zu bemühen.

Vielleicht hast du Angst, den ersten Schritt zu tun. Du willst dich

nicht verwundbar machen, hast Angst, dass deine Eltern dich zurück-
weisen oder sich über dich lustig machen. Doch hier geht es nicht
darum, wer »gewinnt«. Es geht um den Gehorsam gegenüber Gott:
»Ihr Kinder sollt euren Eltern gehorchen, weil ihr dem Herrn gehört,
denn so handelt ihr richtig« (Epheser 6,1; NL). Mach dir immer wieder bewusst: Er wird dich dafür belohnen und dich beschenken!

MITTEN INS LEBEN

*Welche Möglichkeiten siehst du, deine Eltern zu ehren – nicht mehr
schlecht über sie reden, ihnen nicht ins Wort fallen, deinen Ton-
fall kontrollieren, wenn du mit ihnen sprichst, oder ihnen freiwillig
helfen?*

*Wie wäre es, wenn du sie zu einem schönen Abend einlädst, für sie
kochst und ihr einfach miteinander redet und die Zeit zusammen
genießt? Dann kannst du ihnen auch alle Fragen stellen, die dir helfen, sie besser zu verstehen.*

~

Verflucht ist jeder, der seinen Vater oder seine Mutter verachtet.

5. MOSE 27,16; NL

Ein weiser Sohn macht seinem Vater Freude; ein Narr verachtet seine
Mutter.

SPRÜCHE 15,20; NL

Deine Freunde oder Jesus – auf wen hörst du?

NELLI LÖWEN

Mein liebes Kind,

wie viel hält deine Liebe zu mir aus? Ist sie stark genug, wenn deine Freunde sich gegen mich entscheiden? Ist sie stark genug, wenn du eine Herausforderung durchlebst und du fast keine Kraft mehr hast? Du darfst wissen, dass ich dir immer wieder Kraft geben möchte, mutig für mich unterwegs zu sein. Wenn du schwach wirst und es kaum schaffst, dich in einer Situation, wenn es nötig ist, gegen deine Freunde zu entscheiden, dann schau zu mir. Ich möchte dich in diesem Moment stärken und dich ermutigen. Bleib ganz nah an mir. Dann wirst du stark sein und es lernen, in schwierigen Fragen die richtige Entscheidung zu treffen.

Als sie sich dem Lager näherten, sah Mose das Kalb und die Menschen, die darum herum tanzten. Außer sich vor Zorn warf er die Steintafeln auf den Boden und zerschmetterte sie am Fuß des Berges.

2. MOSE 32,19; NL

Das ganze Volk Israel ist sich einig:»Wir brauchen einen neuen Gott. Einen Gott zum Anfassen. Einen Gott zum Sehen.« Vielleicht denkst du: *Das verstehe ich nicht. Die haben doch einen Gott! Gott hat sie doch schließlich aus Ägypten herausgeführt und sie mit Manna und Wachteln versorgt.* Du hast vollkommen recht. Er hat seinem Volk gedient und ihm viel Gutes geschenkt. Aber die Menschen haben es schnell wieder vergessen. Während ihr Anführer Mose gerade auf dem Berg Sinai ist, weil Gott dort mit ihm sprechen und ihm die Zehn Gebote anvertrauen möchte, wird das Volk ziemlich ungeduldig; vielleicht ist den Leuten vom Warten auch langweilig geworden. Es steht nicht in der Bibel, woher sie plötzlich diese Schnapsidee bekommen, einen neuen Gott zu brauchen. Der Gedanke ist verrückt, schließlich haben sie doch schon so oft den wahren und lebendigen Gott erlebt. Ist es nicht anmaßend zu glauben, dass man einfach so seinen Gott austauschen kann? Aber die Menschen finden den Gedanken offenbar ganz normal. Und so kommt es, dass sie aus ihrem Schmuck ein goldenes Kalb gießen lassen – das ihr neuer Gott sein soll. Kannst du dir das vorstellen? Sie wollen lieber einer Kuh aus Metall folgen, als weiter auf Mose zu warten. Wie traurig! Und wie albern! Ich frage mich, was mit den Menschen in diesem Moment los war.

Aber das Schlimme ist ja: Wir verhalten uns häufig genauso verrückt. Nein, nicht dass wir plötzlich um ein goldenes Kalb tanzen. Aber wir kommen oft ebenfalls auf ziemlich seltsame Ideen …

Was machst du, wenn deine Freunde einen Horrorfilm schauen wollen? Du weißt, dass Horrorfilme dir gar nicht guttun und du anschließend Albträume haben wirst. Trotzdem willst du keine »Memme« sein und guckst dir den Film einfach mit an. Und hast anschließend Albträume. Tja. Eigentlich verrückt, oder?

Ein anderes Beispiel: Deine Freunde haben plötzlich gar keinen Bock mehr auf den Teenkreis. Das sei doch alles nur »Kinderkram«. Viel cooler wäre es doch, in dieser Zeit zu chillen und einfach Spaß zu haben. Eigentlich gefällt dir der Teenkreis ziemlich gut. Du magst die Gemeinschaft dort und möchtest gern mehr von Jesus lernen.

Aber deine Freunde sind dir auch wichtig. Wenn du dich jetzt für den Teenkreis entscheidest, verlierst du vielleicht deine Freunde. Eine extrem schwierige Entscheidung. Wie würdest du dich entscheiden? Ja, es ist oft viel einfacher, unseren Freunden zu folgen. Viel schwerer dagegen ist es, uns für das zu entscheiden, was Jesus wichtig ist. Vor allem dann, wenn diese Entscheidung bedeutet, uns in einer bestimmten Situation gegen unsere Freunde zu entscheiden – und damit womöglich im Abseits zu stehen. Eine Entscheidung gegen die große Masse ist immer schwer. Mose trifft diese Entscheidung. Als er vom Berg Sinai herabsteigt, sieht er unten das Volk um das goldene Kalb tanzen. Wird er jetzt einfach mitmachen, um kein Außenseiter zu sein? Nein – fest entschlossen zerschmettert er zornig die Gesetzestafeln. Er ist tief bestürzt über die Menschen, die sich so leicht verführen lassen. Er lässt sich nicht mitreißen, sondern steht fest zu seinem Gott. Ihm ist es egal, was die anderen von ihm denken.

Kennst du das Lied »Sei ein lebendger Fisch« von Margret Birkenfeld? Es passt total gut zu diesem Thema:

Sei ein lebendger Fisch.
Schwimme doch gegen den Strom.
Auf, und wag es frisch.
Freude und Sieg ist dein Lohn.*

Jesus wünscht sich sehr, dass wir mutig gegen den Strom schwimmen, also nicht einfach das tun, was die Masse macht – weil das ja viel bequemer ist. Ich weiß selbst: Es ist herausfordernd, mutige Entscheidungen für Jesus zu treffen, schließlich ist es uns eben oft nicht egal, was andere Menschen von uns denken. Aber im Blick auf unsere himmlische Zukunft spielt das keine Rolle. Vor Jesus werden

* Sei ein lebendger Fisch, Text und Musik Margret Birkenfeld, © 1975 Gerth Medien Musikverlag, Asslar

wir irgendwann alleine stehen – ohne unsere Freunde. Dann kommt es allein darauf an, ob wir treu für Jesus gelebt haben.

MITTEN INS LEBEN

In welchen Bereichen deines Lebens erlebst du Gruppendruck? Wo kämpfst du immer wieder mit dir selbst, ob du mitmachst oder nicht? Rede mit Jesus heute konkret über diese Bereiche. Bitte ihn um Vergebung, wenn du merkst, dass dir in einer Situation Jesus weniger wichtig war als deine Freunde oder Klassenkameraden. Und dann entscheide dich bewusst dafür, dass du in dieser Situation Jesus konsequent nachfolgen möchtest – unabhängig davon, ob sich deine Freunde genauso entscheiden oder nicht. Deine persönliche Entscheidung zählt!

~

Glücklich zu preisen ist, wer nicht dem Rat gottloser Menschen folgt,
wer nicht denselben Weg geht wie jene, die Gott ablehnen,
wer keinen Umgang mit den Spöttern pflegt.

PSALM 1,1; NGÜ

Wenn gottlose Leute dich beschwatzen, dann hör nicht auf sie!

SPRÜCHE 1,10; HFA

»Warum liebt er mich nicht?«

NELLI LÖWEN

 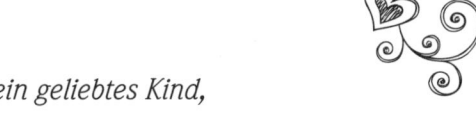

Mein geliebtes Kind,

ich kenne deine vielen Fragen. Du verstehst die Welt nicht mehr. Alles könnte so perfekt sein. Du hast das Gefühl, du hast gerade den perfekten Mann getroffen, mit dem du glücklich werden könntest. Doch er entscheidet sich gegen dich. Das ist bitter. Das tut weh. Doch du bist in dieser harten Zeit nicht alleine! Ich bin bei dir – alle Tage, bis an das Ende der Welt. Ich fühle mit dir, ich weine mit dir, ich trauere mit dir. Jede deiner Tränen sehe ich, und ich sammle sie in einem Krug. Ich gebe dir vielleicht nicht sofort alle Antworten auf deine vielen Fragen, doch ich möchte dich trösten. Halte dich gerade jetzt besonders an mir fest. Du wirst merken, wie du dadurch wieder festen Boden unter den Füßen bekommst und von mir verändert wirst.

Nahe ist der Herr denen, die ein gebrochenes Herz haben.

PSALM 34,19; NGÜ

Wenn er den Raum betrat, ging für mich die Sonne auf. Mein Herz machte einen Salto und meine Glücksgefühle stiegen ins Unermessliche. Wenn er zu mir rüberschaute, hatte ich das Gefühl, die Zeit bliebe stehen. Wenn er mich ansprach, wollte ich ganz ruhig antworten, um mir ja nichts anmerken zu lassen. Na ja, manchmal klappte das, manchmal aber auch nicht. Viel öfter stotterte ich etwas oder sagte Dinge, von denen ich im nächsten Moment dachte: »Ach du Schreck, was hast du denn da gerade gesagt!« Irgendwie war es schwierig, klare Worte und Gedanken zu fassen, wenn er in meiner Nähe war. Ich war eben Hals über Kopf in ihn verliebt.

Mir schien, als wäre er die perfekteste Person, die ich jemals getroffen hatte. Sein Aussehen riss mich vom Hocker. Sein herzliches Lachen war so ansteckend. Sein Humor war einfach nur witzig. Sein Glaube an Gott war so tief und so stark. Wow, genau so einen Mann hatte ich mir immer gewünscht! Nun sollte es endlich so weit sein: Ich hatte meinen Traummann getroffen. Und wenn sie nicht gestorben sind, so leben sie noch heute? Nicht ganz. Denn schließlich gehören zu einer Beziehung immer zwei – zwei Entscheidungen. Eine von ihm und eine von mir.

Um es kurz zu machen. Er entschied sich gegen mich. Ich sei schon echt eine Nette und er möge mich auch und so weiter. Aber das reichte halt nicht aus. Er war einfach nicht hin und weg von mir. Diese Information brach mir mein Herz. Kannst du dir das vorstellen? In einem Moment denkst du, du hast bald den perfekten Mann neben dir. Doch schon im nächsten Moment zerbricht dein Traum in mindestens 1.000 Stücke … Der Schmerz macht dich wahnsinnig und unendlich traurig. Genau das ist Liebeskummer, der Kummer des Herzens. In dieser Zeit habe ich ein Gedicht geschrieben:

Liebeskummer …
Herz schmerzt.
Seele brennt.
Kopf schwindelt.

Mensch ... ist still.

Nach außen still.
Nach innen laut.

Fragen!
Fragen!!
Fragen!!!

... aber keine Antworten!

Warum war es nicht der Weg, den Gott für mich gewählt hat?
Warum öffnet er nicht Türen, wo ich sie mir wünsche?
Gott, warum? Warum?? Warum???
Was hast du mit mir vor?
Warum füllst du mir den bitteren Kelch, anstatt Glück auszu-
schenken?
Warum muss ich weinen, anstatt zu lachen?

Herz schmerzt.
Seele brennt.
Kopf schwindelt.

Mensch ... ist still.

Nach außen still.
Nach innen ... auch still.

Ich möchte hören!
Deine Stimme!

Deine Stimme nimmt die Schmerzen.
Deine Stimme nimmt das Brennen.

Deine Stimme nimmt das Schwindeln.
Deine Stimme macht mich ruhig!

… »Vertrau mir! Ich sehe dich! Ich fühle mit dir! Ich weine mit dir! Aber du wirst bald sehen, warum dieser Weg der beste für dich ist! Ich freu mich schon darauf, wenn du lächeln wirst und mir danken wirst! Ich weiß, dieses Kapitel ist gerade schwierig, aber geh weiter! Denn die mit Tränen säen, werden mit Freuden ernten!« (Psalm 126,5; LU)

Ich habe erlebt, dass Gott in meiner Trauer ganz nahe bei mir war. Ich fühlte, dass er neben mir saß und mit mir weinte und mich tröstete. Es war so schön zu wissen, dass Gott genau diese Situation nicht egal ist. Nein, vielmehr tat es ihm so weh, mich so traurig zu sehen. Aber gerade diese Momente, in denen ich schwach und kraftlos war, konnte er gebrauchen, um mich zu verändern.

Bist du gerade in einer ähnlichen Situation, wie ich damals war? Verstehst du die Welt nicht mehr, weil sich das Glück scheinbar gegen dich entschieden hat? Dann sieh die Situation als eine Chance an. Jesus wird dir besonders nahe sein, weil du ihn jetzt so dringend brauchst. Er möchte dich trösten, er möchte dein Herz heilen, er möchte dir helfen, nach vorne zu blicken und ihm zu vertrauen. Vielleicht lernst du Jesus ja gerade in der Zeit deines Kummers ein bisschen besser kennen. Vielleicht merkst du, dass deine Liebe zu ihm nicht ungeteilt war. Wenn du Liebeskummer hast, kannst du eine Entscheidung treffen: Entweder du versuchst, dich abzulenken, um bloß nicht die Gefühle deines gebrochenen Herzens wahrnehmen zu müssen, oder du lässt es zu, dass er dein gebrochenes Herz heilt. Ich ermutige dich: Gib ihm die Scherben, damit er sie wieder zusammensetzen kann!

MITTEN INS LEBEN

Kannst du dir vorstellen, dass Gott es gut mit dir meint? Auch in einer Zeit, in der du ganz schlimm Liebeskummer hast? Wenn du nicht mehr herzlich lachen kannst, könnte es ein Zeichen dafür sein, dass dein Herz noch nicht wieder heil ist. Hab Geduld! Lass Gott an dein Herz ran. Er kann Liebeskummer wirklich heilen. Gib ihm deinen Schmerz.

~

Er heilt den, der innerlich zerbrochen ist,
und verbindet seine Wunden.

PSALM 147,3; HFA

Freu dich über den Herrn, und er wird dir geben,
was du dir von Herzen wünschst.

PSALM 37,4; NGÜ

Lebenslange Treue

REGINA NEUFELD

Meine Liebe,

*als ich die ersten beiden Menschen geschaffen habe,
schenkte ich ihnen vollkommene Einheit. Ich habe sie als
Geschenk füreinander gemacht. Sie hatten nur Augen füreinander.
Es war ein besonderer Zauber.
Dich will ich genauso beschenken. Auch für dich habe ich
mir damals diesen Zauber, diese tiefe Verbundenheit mit
einem einzigen Mann, erdacht. Doch in deiner Welt glaubt man
nicht mehr daran. Die Menschen haben das Bild von Liebe und
Ehe vollkommen verzerrt. Wickle die Männer nicht um den
kleinen Finger. Es ist nicht deine Aufgabe, Bewunderung und
Liebe für dich zu erzeugen.
Lass mich dich beschenken. Warte. Richte deine Gedanken
und Gefühle auf mich. Ich werde dich für deine Reinheit und
deine Treue belohnen und dich mit dem paradiesischen Zauber
überschütten. Ich will nur das Beste für dich.*

Sie erweist ihm Gutes und nichts Böses alle Tage ihres Lebens.

SPRÜCHE 31,12; ELB

»Ich flirte nie!« Das war meine feste Überzeugung, als ich 15 war. Ich kleines graues Mäuschen und Jungs? Nein, da gab es keinerlei Verbindung außerhalb meiner Träume. Was bildete sich meine Schwester bloß ein! Mir vorzuwerfen, ich habe im Schwimmbad mit einem älteren Jungen geflirtet! Ich konnte es nicht fassen und war total aufgebracht. Aber irgendwie beschlich mich auch ein schlechtes Gewissen. Hatte sie vielleicht doch nicht ganz unrecht? Das konnte ich vor ihr natürlich nicht zugeben, aber irgendwie fühlte ich mich ertappt.

»Ich vermisse die Gespräche mit dir!« Diesen Satz schrieb ich einem Jungen, mit dem ich mich gerade per SMS unterhielt. Wir hatten uns auf einer Freizeit kennengelernt. Meine Freundin und ich verstanden uns gut mit ihm und seinen Kumpels. Und da er mindestens vier Jahre älter war als ich mit meinen 16, machte ich mir nie Gedanken darüber, wie er zu mir stehen könnte. Als ich diese SMS abgeschickt hatte, überkam mich wieder ein komisches Gefühl. Wieso habe ich »mit dir« geschrieben und nicht »mit euch«? Schließlich will ich ja nichts von ihm. Später stellte sich heraus, dass er sich aber für mich naives Mädchen interessierte, und ich hatte ihm Hoffnungen gemacht.

Auch wenn ich niemand war, der offensiv auf Jungs zugegangen ist, genoss ich ihre von mir ersehnte Aufmerksamkeit und ging darauf ein. Mir war gar nicht klar, dass ich nicht nur ihnen und mir damit schadete, sondern auch meinem zukünftigen Ehemann untreu war. Das ist ein völlig neuer Gedanke für dich, oder? Lies den Vers oben noch einmal ganz langsam. Jeder Tag unseres Lebens zählt. Die Liebe und Treue zu unserem Ehemann beginnt nicht erst mit der Hochzeit oder mit dem Kennenlernen. Wie du dich heute Jungs gegenüber verhältst, hat Einfluss auf deine spätere Beziehung.

Vielleicht bist du ja – ähnlich wie ich damals – zurückhaltend, unsicher, naiv. Du glaubst nicht daran, dass ein Junge Interesse an dir haben könnte. Umso mehr genießt du die Aufmerksamkeit, wenn du sie doch spürst. Aber vielleicht bist du auch ganz anders und kennst deine Wirkung auf Jungs nur zu gut. Du kannst sie gezielt einsetzen, um ihre Augen auf dich zu lenken, dir Zeit und Komplimente zu schenken. Du weißt genau, wie du dich geben und was du sagen musst, um ihnen den Kopf zu verdrehen.

Oder siehst du die Jungs einfach als Kumpel, mit denen du gut reden kannst und gerne ungezwungen Zeit verbringst? Ihr unternehmt viel, lacht zusammen, haut euch auf die Schulter, um euch gegenseitig zu ärgern, und verabschiedet euch schließlich mit einer Umarmung. Nur Freunde. Freunde, die die Aufmerksamkeit des anderen Geschlechts genießen und ganz schnell die Grenzen zum Flirten, der körperlichen Distanz und zum Verliebtsein überschreiten.

Egal, in welcher Beschreibung du dich wiederfindest, es gibt auf jeden Fall drei Probleme:

1. Du verkaufst dich unter deinem Wert.
Das Flirten, ob bewusst oder unbewusst, erweckt den Eindruck, als müsstest du für dich werben. Solche Gespräche sind oft oberflächlich. Jeder versucht, sich von der besten Seite zu zeigen, und ist nicht echt. Doch vergiss nicht, wer du bist! Du bist eine geliebte Tochter Gottes, wunderschön erschaffen und mit vielen inneren Qualitäten ausgestattet. Verkauf dich nicht billig an irgendjemanden, der dich nicht zu schätzen weiß. Die meisten Jungs, die flirten, tun es nicht nur mit einer Person. Doch du hast jemanden verdient, für den du die Einzige bist.

2. Du schadest dir selbst und den Jungs.
Du gibst etwas von dir her, was du wie ein kostbares Geschenk für deinen zukünftigen Ehemann aufbewahren solltest. Beraube dich nicht des Zaubers der Unschuld und Reinheit für einen kurzen Moment der Bestätigung. All deine Liebe und Aufmerksamkeit sollen nur auf einen einzigen Mann ausgerichtet sein. Und wenn du diesen noch nicht kennst, dann beschütze dein Herz mit aller Kraft.

Hilf aber auch den Jungs, rein zu bleiben. Natürlich sind sie selbst dafür verantwortlich, wie sie mit Mädchen umgehen und über sie denken. Doch wenn Mädchen die Macht ihres Wimpernaufschlages, ihrer zuckersüßen Stimme oder die Reize ihres weiblichen Körpers einsetzen, wird dadurch unweigerlich die männliche Fantasie angeregt, und die Jungs wollen mehr, als nur mit dir reden. Zeige den Jungs, was eine wahre Frau ist!

3. Dieses Verhalten spiegelt nicht Gottes Idee von Reinheit wider.
Wenn Jesus Herr über dein ganzes Leben sein soll, musst du ihm auch diesen Bereich überlassen. Er hat gesagt, dass man schon in seinem Herzen Ehebruch begehen kann (Matthäus 5). Gott liebt Treue. Bete jeden Tag dafür, dass Gott dir hilft, deinem zukünftigen Ehemann schon heute Liebe und Ehre zu erweisen.

Wenn du Angst hast, durch diesen Lebensstil niemals einen Mann näher kennenlernen zu können, dann sprich mit Gott über deine Gefühle. Er wird deine Treue belohnen. Gott ist sehr kreativ, wenn es darum geht, zwei Menschen zusammenzubringen. Er braucht unsere Hilfe nicht.

MITTEN INS LEBEN

Erstelle eine Liste mit Eigenschaften, die du von deinem zukünftigen Mann erwartest. Du darfst und sollst hohe Ansprüche haben. Das wird dir helfen, von den falschen Typen fernzubleiben. Und nun schreibe ein Treueversprechen an deinen zukünftigen Ehemann, das du immer dann hervorholst, wenn es dir besonders schwerfällt, auf ihn zu warten.

∾

Die Frucht aber des Geistes ist Liebe, Freude,
Friede, Geduld, Freundlichkeit, Güte, Treue (...)

GALATER 5,22; LU

Ihr Mädchen von Jerusalem, ich beschwöre euch bei den Gazellen
und den Rehen des Feldes, dass ihr die Liebe nicht aufweckt und
stört, bis es ihr selbst gefällt.

HOHELIED 2,7; NL

Mach keine halben Sachen

REGINA NEUFELD

Mein geliebtes Kind,

es macht mich traurig, dein geteiltes Herz zu sehen. Wenn du davon singst, dass ich die Liebe deines Lebens bin, oder wenn du sagst, ich sei deine Nummer 1, bist du nicht immer ehrlich. Ich möchte dein erster Gedanke sein, wenn du morgens erwachst. Ich sehne mich danach, dass du deine Ziele, deine Zeiteinteilung, all deine Aktivitäten von mir abhängig machst. Du vergeudest an manchen Tagen den Großteil deiner Zeit und deiner Energie mit sinnlosen Dingen und fühlst dich am Ende des Tages leer. Doch wenn du bei allem, was du denkst, fühlst und tust, zuallererst nach mir fragst, gebe ich dir, was du brauchst. Ich werde dich vollkommen mit meinem Frieden erfüllen. Ich wünsche mir nichts sehnlicher, als dass du mich von Herzen liebst – mehr als alles andere – und dass es nicht nur bei den Worten bleibt, sondern dass diese Liebe zu mir dein Leben vollkommen bestimmt. Dein Herz soll für mich schlagen. Für mich sollst du atmen. Und selbst wenn du schlafen gehst, kannst du mich ehren, indem du an mich denkst. Ich liebe dich, meine Tochter. Komm zu mir und schenke mir deine Liebe.

Was immer ihr tut, ob ihr esst oder trinkt oder was es auch sei – verhaltet euch so, dass Gott dadurch geehrt wird.

1. KORINTHER 10,31; NGÜ

Mit 12 Jahren habe ich mich ganz bewusst für ein Leben mit Gott entschieden. Es war auf einer Jungscharfreizeit. Nach einem langen inneren Kampf bat ich Gott um Vergebung meiner Schuld. Durch mein Schluchzen verstand wahrscheinlich kaum einer ein Wort, aber Gott verstand mich. Er nahm mich an und durchflutete mich mit seinem Frieden.

Ich war so erfüllt und glücklich und wollte gerne so leben, dass Gott sich darüber freut. Leider verstand ich lange Zeit nicht, was ein Leben mit Gott eigentlich wirklich bedeutet. Ich versuchte, mich meiner Gemeinde anzupassen, verhielt mich brav, lernte Bibelverse auswendig. Mit dem Bibellesen und dem täglichen Gebet klappte es eine Zeit lang ganz gut und dann wieder gar nicht. Das bereitete mir ein unheimlich schlechtes Gewissen. In der Schule wusste jeder, dass ich Christ war, aber sonst fiel ich nicht weiter auf. Ich sprach über dieselben Dinge, sah dieselben Filme und ging denselben Aktivitäten nach wie meine Klassenkameraden auch.

Ich habe den Eindruck, dass sich viele Christen damit begnügen, sich einmal für ein Leben mit Gott entschlossen zu haben. Manche sind noch aktiv in der Gemeinde und engagieren sich, doch etwas Wesentliches fehlt. Was das ist, verstand ich erst mit 16, doch die Phase der Umsetzung dauert immer noch an:

Ein Leben mit Gott umfasst jeden einzelnen Lebensbereich, alles, was ich bin und habe. Das heißt also auch meine Gedanken, meine Gefühle, meine Worte, meinen Willen und natürlich auch meine Taten. Alles. Selbst das Essen und Trinken. Gott möchte, dass wir jeden Augenblick in seiner Nähe leben. Immer und überall. Ohne Kompromisse.

Die Voraussetzung dafür ist, dass wir bereit sind, nichts mehr zu unserem eigenen Vorteil zu tun, und nicht nach Anerkennung für uns selbst suchen. Das ist echt schwer, ich weiß. Deshalb werden wir auf diesem Weg immer wieder versagen und daran zweifeln, ob es das wert ist, weil wir es sowieso nie schaffen werden. Aber bleib nicht liegen, sondern steh wieder auf und folge Jesus weiter nach.

Kennst du Menschen, die versuchen, wirklich alles in dem Bewusstsein zu tun, dass es für Gott ist, und deren Gedanken und Wünsche von Gott geprägt sind? Ich kenne welche, aber nicht viele. Es geht beim Christsein nicht um Gesetze oder Regeln, die man einhalten muss, sondern um konsequente Nachfolge, die das ganze Leben umkrempelt. Also darum, wo dein Herz ist und ob es ungeteilt Gott gehören darf.

Johannes Tauler, ein deutscher Theologe aus dem 14. Jahrhundert, sagte einmal: »Ein reines Herz ist eines, dem alles, was nicht von Gott ist, fremd und unerträglich ist.« Fallen dir Bereiche in deinem Leben ein, in denen du manchmal halbe Sache machst?

Denk mal an das, was du im Laufe eines Tages so redest. Wie sprichst du über andere oder zu anderen? Wählst du deine Worte mit Liebe oder baust du durch dein Reden deinen Frust ab?

Würde Jesus auch die Filme angucken, die du anschaust?

Bist du nur am Sonntagmorgen und in deinem Jugendkreis Christ – und in der Schule gehst du auf »Tauchstation«?

Aus dem Buch Josua habe ich gelernt, dass eine scheinbar harmlose Kleinigkeit ein ganzes Volk von Gott trennen kann. Das Volk Israel eroberte Jericho. Es war ein großer Triumph. Gott schenkte ihm auf einmalige Weise den Sieg. Doch kurz darauf folgte eine bittere Niederlage gegen die Stadt Ai. Wie konnte das passieren? Hatte Gott sie verlassen? Die Ursache war ein einziger Mann: Achan hatte etwas aus Jericho mitgenommen, obwohl Gott ihnen geboten hatte, genau das nicht zu tun. Das war ein großes Vergehen gegen Gott. Erst als die Beute entfernt und Achan und seine Familie mit dem Tod bestraft worden sind, war Gott wieder in der Mitte seines Volkes.

Eine scheinbare Kleinigkeit kann auch zwischen Gott und uns stehen, bis wir sie ausräumen. Es wird im ersten Moment zwar wehtun, weil Gott das Unkraut aus uns rauszupfen muss, aber dann lässt er wunderschöne Blumen blühen.

Elisabeth Elliot schreibt in ihrer Biografie über Amy Charmichael: »Seit Generationen interessieren sich siebzehnjährige Mädchen für dieselben Dinge – ihr Aussehen, ihre Kleidung, ihr gesellschaftliches Leben. Doch in jeder Generation scheint es einige zu geben, die andere Prioritäten setzen. Amy gehörte dazu.«*

Ich bete, dass hier auch bald mein Name eingesetzt werden kann. Was ist mit dir?

---

* Elisabeth Elliot, Amy Charmichael: Ein Leben in der Nachfolge, Neuhausen/Stuttgart: Hänssler 1995, S. 23.

MITTEN INS LEBEN

Bitte Gott, dass er dir zeigt, welche Kompromisse du in deinem Leben eingehst. Sei ganz offen für Gottes Reden, auch wenn es unbequem ist, was er dir sagen will. Überlege dir dann, wie du konsequenter Jesus nachfolgen kannst, zum Beispiel, indem du deine Gedanken mit Gottes Wahrheit füllst, bestimmte Orte meidest, deinen Tagesablauf änderst ... Es wird dir auch helfen, mit jemandem über deine Gedanken zu reden. Vielleicht findest du ja auch jemanden, der für dich betet und immer wieder nachfragt, wie es läuft. Denk immer daran: Auch wenn es herausfordernd ist, Jesus nachzufolgen – er gibt dir so viel mehr zurück!

~

Wenn ihr für ihn lebt und das Reich Gottes zu eurem wichtigsten
Anliegen macht, wird er euch jeden Tag geben, was ihr braucht.
MATTHÄUS 6,33; NL

Denn wir gehören nicht uns selbst, ganz gleich, ob wir leben oder
sterben. Wenn wir leben, leben wir, um dem Herrn Freude zu machen,
und wenn wir sterben, sterben wir, um beim Herrn zu sein. Ob wir
nun leben oder sterben: Wir gehören dem Herrn.
RÖMER 14,7-8; NL

Schönheit für die Ewigkeit

REGINA NEUFELD

Meine Schöne,

glaube mir, wenn ich sage: Du bist schön!
Ich habe dich mit meinen Händen geformt, ja, sogar die Anzahl
deiner Haare bestimmt. Wenn ich dich ansehe, muss ich lächeln,
weil ich daran denke, dass ich schon vor deiner Geburt geplant
habe, wie du einmal aussehen würdest.
Ich bin traurig über die Lügen, die dir täglich über dich erzählt
werden. Als müsste man meine Schöpfung korrigieren!
Vergleiche dich nicht mit anderen. Glaube niemandem,
der dir sagt, du seist hässlich, weil du nicht dem Schönheitsideal
deiner Zeit entsprichst. Die Länge deiner Beine oder die Reinheit
deiner Haut spielt bei mir überhaupt keine Rolle. Denn alles
Äußerliche wird schnell vergehen.
Du bist einzigartig, ein Unikat. Ich wünsche mir, dass du lernst,
dich so zu sehen, wie ich dich sehe. Dann wirst du erkennen,
dass ich meine Schönheit in dich hineingelegt habe.
Glaube meiner Wahrheit: Du bist atemberaubend schön,
so wie du bist. Und genau so liebe ich dich!

Anmut betrügt und Schönheit vergeht, aber eine Frau, die Ehrfurcht
hat vor dem Herrn, soll gelobt werden.

SPRÜCHE 31,30; NL

Was siehst du, wenn du in den Spiegel siehst? Gefällt dir dein Anblick? Ich hielt mich nie für eine Schönheit, war eher eine graue Maus, unauffällig oder gar unsichtbar. Als ich ungefähr 14 war, spielte ich mit einigen Leuten ein Spiel auf einer Geburtstagsfeier. Es ging dabei um Berufe, und einer von den älteren Jungs sagte plötzlich, ich sollte doch Model werden. Mir (und wahrscheinlich auch allen anderen) war klar, dass er auf meine Figur anspielte. Ich habe schon früh Rundungen bekommen und scheinbar blieben sie den Jungs nicht verborgen. Natürlich war mir das unangenehm, aber ich war auch etwas stolz.

Einige Monate später war ich mit denselben Leuten im Schwimmbad. Der Junge mit der Model-Idee und ich standen an der großen Rutsche an. Er sah mich an und sagte: »Du hast ja 'nen Bauch!« So schnell kann sich das also ändern ...

Jede Frau trägt eine Sehnsucht nach Schönheit in sich. Uns gefallen schöne Dinge – schöne Blumen, schöne Klamotten, schöne Deko. Und wir Mädels wünschen uns, schön zu sein, uns schön zu fühlen und von anderen als schön wahrgenommen zu werden. Doch was ist Schönheit eigentlich?

Schönheit kann man nicht definieren, denn die Vorstellung davon, was schön ist, verändert sich ständig, hängt von den aktuellen Wertvorstellungen ab. Von wem lasse ich mir eigentlich sagen, ob ich schön bin oder nicht? Von wem lasse ich mich bewerten? Und welchen Wertvorstellungen folge ich?

Als ich vor einigen Mädels darüber sprach, wie sehr Medien uns beeinflussen, nannte ich »Germany's Next Topmodel« als Beispiel. In der ersten Reihe saß ein Mädchen, das sich zu ihrer Freundin umdrehte und (ihren Mundbewegungen zufolge) fragte: »Ist das so bei dir? Nein? Bei mir auch nicht.« Auch wenn du der Meinung bist, immun gegen die Einflüsse der Medien zu sein, sei dir bewusst, dass du davon beeinflusst wirst, womit du dich beschäftigst. Aber du hast es in der Hand, welche Einflüsse du auf dich einwirken lässt.

Es ist offensichtlich, was für Ängste junge Menschen durchstehen, wenn sie darauf warten, von Heidi Klum oder Dieter Bohlen bewertet zu werden. Im Fernsehen, sei es in der Daily Soap oder in der Werbung, sehen Frauen und Männer immer gepflegt und top gestylt aus. In allen Mädchenzeitschriften lassen sich Beautytipps und Tests finden, anhand derer du den Stil herausfinden kannst, der zu dir passt. Egal, ob durch Fernsehen, Zeitschriften oder Werbung: Immerzu und überall werden wir mit einem unrealistischen Schönheitsideal konfrontiert – und die Folge davon ist, dass wir uns überhaupt nicht schön finden. Wenn du dann auch noch, so wie ich, ständig auf deine unreine Haut oder andere »Makel« angesprochen wirst, fühlst du dich noch mehr wie das hässliche Entlein statt wie eine Prinzessin.

Die unrealistischen Schönheitsmaßstäbe bringen viele Mädchen und Frauen dazu, unzufrieden mit sich selbst zu sein. Sie beginnen, an sich herumzunörgeln. Sie werden in einen Sumpf von Selbstmitleid getrieben, machen sich endlos Gedanken darüber, wie hässlich und ungenügend sie sind. Kommt dir das bekannt vor?

Doch wirf noch mal einen kurzen Blick auf den Bibelvers, der am Anfang steht: Es geht nicht um dein Äußeres, nicht um deine Klamotten, nicht um deinen Schmuck oder deine Schminke. Wer dir etwas anderes einreden möchte, liegt falsch.

Die Trends von heute sind morgen schon wieder out. Das, was vor fünf Jahren angesagt war, geht heute gar nicht mehr. Es gab mal eine Zeit, da galten korpulente Frauen als begehrenswert, heute sind es die knabenhaften Körper, die viel zu dürr für weibliche Rundungen sind. Doch auch dieser Trend wird bald wieder vorbei sein. Willst du dich immer wieder neu irgendwelchen Schönheitsidealen anpassen?

Schieb die Äußerlichkeiten mal etwas beiseite, und sieh dorthin, worauf Gottes Augen gerichtet sind: dein Herz. Gott sieht in dir seine geliebte Prinzessin, einzigartig und wunderschön. Gottes Version von Schönheit hat nichts mit Alter, Gewicht oder Maßen zu tun, sondern mit dem Inneren eines Menschen. Ein Mädchen oder eine Frau ist in den Augen Gottes schön, wenn in ihrem Herzen Jesus Christus regiert.

Das bedeutet nicht, dass wir uns nicht schick kleiden dürfen. Die Frau, von der in Sprüche 31 die Rede ist, trug ein wertvolles Gewand aus rotem Purpur. Aber was sie ausmachte, war etwas ganz anderes: ihre Beziehung zu Gott! Dadurch, dass sie Gott in ihrem Herzen trug, war sie schön, aber auch elegant und selbstlos, diszipliniert und stark. Sie strahlte Ruhe und Lebensfreude aus. Das ist wahre Schönheit!

Ich wünsche dir, dass du Gottes Version von Schönheit erkennst und dich immer mehr davon beeinflussen lässt. Dieses himmlische Schönheitsideal ändert sich nicht. Schönheit, die von Gott kommt, spiegelt seine Majestät und Herrlichkeit wider und strahlt durch jedes Mädchen, das ihren Wert erkennt, den Gott ihr verleiht.

Von wem machst du deine Wertvorstellungen abhängig, von wem lässt du dir sagen, worum es im Leben wirklich geht? Von der Gesellschaft, den Medien, deinen Freunden oder deinem Schöpfer?

MITTEN INS LEBEN

Welche aktuellen Schönheitstrends bringen dich dazu, unzufrieden mit dir zu sein? Ist es der dürre Körper oder die makellosen Fingernägel? Schreibe sie auf die linke Seite eines Blattes, und überlege dir dann, ob es gut ist, diesen Trends zu folgen. Schreibe auf die rechte Seite, warum du dich nicht mehr davon bestimmen lassen willst. Zum Beispiel ist es ungesund zu hungern, um die »perfekte« Figur zu bekommen.

Jetzt kommt der vielleicht schwierigste Teil: Schreibe auf, wofür an deinem Körper du Gott danken möchtest. Und vergiss nicht, die Dinge zu erwähnen, die dich manchmal stören – denn Gott wollte dich genau so!

⁓

Du hast alles in mir geschaffen und hast mich im Leib meiner Mutter geformt. Ich danke dir, dass du mich so herrlich und ausgezeichnet gemacht hast! Wunderbar sind deine Werke, das weiß ich wohl.

PSALM 139,13–14; NL

Der Herr, dein starker Gott, der Retter, ist bei dir. Begeistert freut er sich an dir. Vor Liebe ist er sprachlos ergriffen und jauchzt doch mit lauten Jubelrufen über dich.

ZEFANJA 3,17; NL

Nicht auf einer Wellenlänge

 JULIA NEUDORF

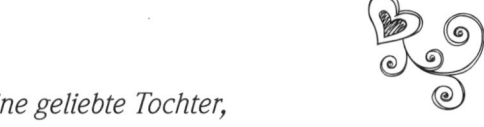

Meine geliebte Tochter,

*ich sehne mich danach, dass du mich von Herzen liebst. Ebenso
wünsche ich mir, dass du die Menschen um dich herum liebst.
Ich habe mir jeden einzelnen Menschen kunstvoll ausgedacht.
Keiner ist wie der andere, jeder ist etwas ganz Besonderes.
Dadurch, dass ihr so unterschiedlich gemacht seid, meint ihr
manchmal, euch untereinander nicht lieben zu können. Aber
ich werde dich dabei unterstützen, die Menschen zu lieben,
bei denen es dir schwerfällt. Du musst mich nur darum bitten. Die
anderen werden an deiner Liebe, die du ihnen entgegenbringst,
erkennen, dass du anders bist, dass du zu mir gehörst. Spring
über deinen Schatten, und geh auf die Menschen zu, denen
du lieber aus dem Weg gehen willst. Du wirst dich wundern,
was für Auswirkungen es auf dein Leben und deine Meinung
über andere Menschen haben wird, wenn du ihnen mit Liebe
und Geduld begegnest.*

Jesus antwortete: »Du sollst den Herrn, deinen Gott, lieben von
ganzem Herzen, mit ganzer Hingabe und mit deinem ganzen
Verstand! Dies ist das größte und wichtigste Gebot. Ein zweites ist
ebenso wichtig: Liebe deine Mitmenschen wie dich selbst!«

MATTHÄUS 22,37–39; NGÜ

Mit manchen Menschen sind wir einfach nicht auf einer Wellen-länge. Die Chemie stimmt nicht, wie man so schön sagt. Sie sind uns einfach nicht sympathisch. Wenn sie den Raum betreten oder etwas erzählen, haben wir ein beklemmendes Gefühl. Kennst du das auch? Hm, theoretisch sollten wir jeden Menschen lieben und theoretisch tun wir das ja auch, aber praktisch sieht es dann doch oft anders aus. Wir meiden bestimmte Menschen, ignorieren sie einfach und beruhigen so unser Gewissen. Wir tun ja nichts Böses! Wir wollen nur lieber nichts mit ihnen zu tun haben. Aber kann man ein solches Verhalten als liebevoll bezeichnen? Jesus sagt doch, dass wir unsere Mitmenschen ohne Ausnahme lieben sollen. Das klingt nach einem sehr hohen, vielleicht sogar unerreichbaren Ziel, aber das ist es, was Jesus von uns möchte. Doch wie sollen wir es nur schaffen, eine Per-son zu lieben, die wir total unsympathisch finden?

In meiner Schulzeit hatte ich genau so ein Mädchen in meiner Klasse. Ich nenn sie hier mal Lena. Sie war mir wirklich alles andere als sympathisch, und wenn sie Sachen erzählte, dachte ich manch-mal: *Das kann doch jetzt nicht dein Ernst sein! Warum erzählst du solche Sachen vor der ganzen Klasse? Was ist los mit dir?* Mehr und mehr merkte ich, wie meine Abneigung gegen sie wuchs und mich wirklich einnahm. Ich konnte es nicht mehr unter dem Deckmantel der »falschen Wellenlänge« verstecken, um mein Gewissen zu beru-higen. Also fing ich an zu beten. Zuerst betete ich, dass Gott mir Liebe für Lena schenkt. Dann bat ich ihn, dass er meine Einstellung ihr gegenüber ändert, und zuletzt betete ich, dass er mir hilft, sie mit seinen Augen zu sehen. Und das Ergebnis? Ich habe keinen Strom der Liebe in mir gespürt, der vom Himmel in mich hineinfloss, und ich habe auch keine rosa Brille auf die Nase gesetzt bekommen. Aber etwas anderes passierte. In den folgenden Wochen standen immer wieder Gruppenarbeiten und -projekte an, und jetzt rate mal, wer »zufällig« immer in meiner Gruppe landete. Ja, genau! Lena. Erst dachte ich: *Das ist ja wohl ein schlechter Scherz, was für ein dum-mer Zufall.* Aber als sich diese Begebenheiten häuften, merkte ich, dass es kein Zufall sein konnte. Es konnte nur die Antwort auf meine Gebete sein. Gott wollte also, dass ich viel Zeit mit Lena verbringe, und das tat ich auch – mir blieb ja nichts anderes übrig. Ich bekam die Gelegenheit, sie immer besser kennenzulernen, etwas über ihre Lebensgeschichte und ihre Familiensituation zu erfahren. Und Gott half mir, ihre guten Seiten und ihre Stärken zu sehen. Ich begann zu verstehen, warum sie in manchen Situationen für meine Begriffe ein bisschen komisch reagierte. Ich kann nicht behaupten, dass es leicht für mich war, aber mir wurde immer bewusster, dass es Gott wirklich wichtig ist, was ich über andere denke und welche Einstellung ich ihnen gegenüber habe. Lena und ich sind jetzt nicht beste Freunde geworden und wir werden es vielleicht auch nie werden, aber ich kann mit gutem Gewissen sagen, dass ich sie wirklich liebe. Ich sehe, wie Gott sie begabt hat und sie gebraucht – so wie sie ist.

Ich denke, genau das ist der Schlussel zu Menschen, die eben nicht auf unserer Wellenlänge sind. Wenn wir lernen zu sehen, was Gott Gutes in sie hineingelegt hat, und wenn wir es schaffen, ihre besonderen Stärken zu sehen, auch durch all das hindurch, was uns vielleicht an ihnen stört, dann werden wir sie auch lieben können. Sie sind wunderbare Geschöpfe Gottes. Er hat sie sich ausgedacht, genau wie dich und mich. Er hat sich nicht nur überlegt, wie jeder Mensch aussehen soll, sondern auch genau geplant, was für einen Charakter er bekommen soll: kontaktfreudig oder eher zurückhaltend, abenteuerlustig oder eher sicherheitsliebend usw. Gott ist so kreativ, und das spiegelt sich vor allem in uns Menschen wider. Er hat uns so verschieden gemacht. Das heißt, dass es kein »besser« oder »schlechter« gibt, sondern nur ein »anders«. Natürlich wird es immer wieder Sachen geben, die du an einem anderen Menschen einfach nicht gut findest, und ich denke, das ist auch okay. Wenn jemand falsche Dinge tut oder sagt, müssen wir das nicht gut finden, aber diese Fehler sollten nichts an unserer Einstellung und der Liebe zu ihm ändern. Das beste Beispiel hierfür ist Jesus selbst: Er hat was gegen Sünde, aber egal, was wir anstellen oder Dummes erzählen, an seiner Liebe zu uns ändert das gar nichts! Nehmen wir uns ihn zum Vorbild – und versuchen wir jeden Tag neu, die Menschen so zu lieben, wie er sie geliebt hat.

MITTEN INS LEBEN

Gibt es in deinem Leben auch jemanden, der einfach nicht auf deiner Wellenlänge ist?

- Mach dir bewusst, dass Gott diesen Menschen geschaffen hat, so wie er dich geschaffen hat.
- Beginne für diese Person zu beten. Du kannst klein anfangen – und Gott bitten, sie zu beschützen oder bei der nächsten Mathearbeit bei ihr zu sein.
- Versuche die Person besser kennenzulernen. Beobachte sie und versuche ihre Stärken zu entdecken.

Ihr wisst, dass es heißt: ›Du sollst deine Mitmenschen lieben, und du sollst deine Feinde hassen.‹ Ich aber sage euch: Liebt eure Feinde, und betet für die, die euch verfolgen. Damit erweist ihr euch als Söhne eures Vaters im Himmel. (…) Wenn ihr nur die liebt, die euch Liebe erweisen, was für einen Lohn habt ihr dafür zu erwarten? Tun das nicht sogar Leute wie die Zolleinnehmer? Und wenn ihr nur zu euren Brüdern freundlich seid, was tut ihr damit Besonderes? Tun das nicht sogar die Heiden, die Gott nicht kennen?

MATTHÄUS 5,43–47; NGÜ

An eurer Liebe zueinander werden alle erkennen,
dass ihr meine Jünger seid.

JOHANNES 13,35; NGÜ

Die Wut in dir

REGINA NEUFELD

Mein geliebtes Kind,

ich weiß, wie du dich fühlst. All der Ärger und die Wut in dir quälen deine Seele, lassen dich nicht zur Ruhe kommen und halten den Frieden, den du dir so sehr ersehnst, von dir fern. Verletzungen, Ungerechtigkeit, Missverständnisse – all das sitzt noch tief in dir und brodelt in deinem Herzen, bis du die Kontrolle verlierst und alles herausschreist. Fühlst du dich dadurch besser? Nein, deine Wut in dir verfestigt sich dadurch bloß. In deinem Frust wünschst du dir, dass sich die Situation verbessert, doch die Wahrheit ist, dass durch deinen Frust alles nur noch schwieriger wird. Und du selbst leidest am meisten darunter. Dadurch machst du dich noch verletzlicher und angreifbarer. Komm mit all deinen Gefühlen und Gedanken zu mir und lass los. Bei mir findest du Ruhe. Ich helfe dir, auch in schwierigen Situationen, in denen du provoziert wirst oder dich ungerecht behandelt fühlst, dich weise und ruhig zu verhalten. Das wird auch deiner Seele Frieden verschaffen.

Wie das Schlagen von Sahne Butter hervorbringt und ein Schlag auf die Nase zu Nasenbluten führt, so endet Zorn in Streit.

SPRÜCHE 30,33; NL

Bist du manchmal wütend? Ich meine so richtig wütend, dass du meinst, gleich zu explodieren? Also, ich weiß sehr gut, was Wut ist. Ich bin zwar nicht wirklich temperamentvoll oder explosiv, muss nicht immer sagen, was ich gerade denke, aber wahrscheinlich wird mir kaum einer glauben, der mich kennt, was für Bilder ich früher in meinem Kopf hatte: wie ich jemanden aus voller Kehle anschreie und ihm alles an den Kopf werfe, was mir gerade so einfällt. Oder wie ich Gegenstände an die Wand werfe. Das zweite Bild habe ich mir über Jahre immer wieder vorgestellt, wenn ich wütend war, mir aber nie etwas anmerken lassen. Bis zu diesem einen Tag, an dem eine Glasschale auf dem Couchtisch stand … Ich schmetterte sie auf den Boden. Und löste damit ein richtiges Drama aus. Was war bloß in mich gefahren?

Ich war wütend, immer mal wieder ein bisschen wütend, manchmal auch ein bisschen mehr. Doch ich ließ nicht zu, dass die Gefühle in mir an die Oberfläche kamen. Sie schienen mir falsch zu sein, also musste ich sie unterdrücken. Und dann genügte ein kleiner Funke, der mich zum Explodieren brachte.

Aber wie geht man denn damit um, wenn es so richtig in einem brodelt? Unterdrücken scheint keine Lösung zu sein. Aber wird Wut und Zorn in der Bibel nicht verurteilt? Zornige Menschen dienen ja immer wieder als Negativbeispiel.

Andererseits wird in der Bibel auch oft vom Zorn Gottes gesprochen, der vom Ungehorsam einzelner Menschen oder der Untreue seines ganzen Volkes ausgelöst wird. Doch wenn wir Gottes Reaktionen genau unter die Lupe nehmen, können wir feststellen, dass er in seinem Zorn niemals willkürlich oder aggressiv gehandelt hat. Sein Zorn hat immer seinen Ursprung in der Liebe zu den Menschen. Deshalb hat er stets einen Rettungsplan parat. Gottes Ziel ist es nicht, die Beziehung zu den Menschen abzubrechen, sondern sie wiederherzustellen und zu heilen.

Wenn Gott auch zornig ist, kann Zorn und Wut nicht grundsätzlich falsch sein. In Prediger 3,8 steht:»Lieben hat seine Zeit, hassen hat seine Zeit; Streit hat seine Zeit, Friede hat seine Zeit« (LU), und in Epheser 4,26 (NL): »Sündigt nicht, wenn ihr zornig seid, und lasst die Sonne nicht über eurem Zorn untergehen.« Wut an sich ist also nicht das eigentliche Problem. Schließlich hat Gott uns samt unserer Gefühle geschaffen, und das bedeutet: Sie sind sehr gut. Ja, es ist sehr gut, wenn du Freude, aber auch Angst, Schmerz und Wut empfinden kannst. Doch Gottes Feind versucht oft, das Gute, was von Gott kommt, zu pervertieren – also für sich zu nutzen, indem er es in etwas Schlechtes umwandelt. Das Problem mit der Wut entsteht, wenn sie außer Kontrolle gerät und in aggressives Verhalten mündet. Wichtig ist also der richtige Umgang mit der Wut.

Was sollen wir also tun, wenn wir merken, dass Wut in uns aufsteigt? Es ist weder gut, sie zu unterdrücken, noch, sie einfach so rauszulassen. Wäre es nicht eine Idee, wenn du deine Gefühle und Gedanken bei jemand anderem loswirst oder sie dir von der Seele schreibst? Meiner Erfahrung nach bewirkt das aber oft das Gegenteil, denn je mehr du dich mit deiner Wut beschäftigst, desto fester wird sie in dir. Vielleicht kennst du das – wenn du jemandem von einem Ereignis erzählst, das schon Wochen zurückliegt und bei dem du richtig sauer warst, kommen die Gefühle wieder, und du gerätst erneut in Rage.

Das Problem, das mit dem Gefühl der Wut verbunden ist, liegt oft auch darin, dass wir versuchen, eine Situation oder einen Menschen zu ändern. Wir finden etwas unfair, sind enttäuscht, fühlen uns gedemütigt. Wir wollen wahrgenommen und verstanden werden. Wenn wir nicht bekommen, was wir wollen, werden wir wütend, machen anderen Vorwürfe. Es gibt Situationen, in denen Wut angebracht ist, zum Beispiel, wenn uns oder anderen Gewalt angetan oder Gottes Name in den Schmutz gezogen wird. Aber sehr oft geht es um unser eigenes Interesse und wir drehen uns wieder um uns selbst. Wenn wir in diesem Strudel bleiben, wird die Wut immer heftiger, bis wir richtig explodieren.

Doch wie wäre es, wenn wir – statt zu versuchen, andere zu ändern – an uns selbst arbeiten würden? Oder wenn wir versuchen würden, gemeinsam nach einer Lösung zu suchen, statt uns mit Rachegedanken zu füllen? Voraussetzung dafür ist es, dass wir den anderen ausreden lassen, statt unseren Frust bei ihm loszuwerden. Und wenn es zu keiner Lösung kommt, dann können wir uns immer noch entscheiden, die Situation anzunehmen, wie sie gerade ist – auch wenn das zugegebenermaßen sehr schwer sein kann.

Der erste Schritt ist also, zur Ruhe zu kommen. Bete um Frieden in deinem Herzen. Bete für die andere Person. Das wird deine Emotionen abkühlen lassen. Dann kannst du deine Gedanken sortieren und dich schließlich dafür entscheiden, die Wut abzugeben, loszulassen, und zwar noch am selben Tag (siehe Epheser 4,26). Sich so zu verhalten heißt nicht, die Wut zu unterdrücken, sondern es bedeutet, sein Herz für Vergebung, Liebe und Frieden zu öffnen.

MITTEN INS LEBEN

Was löst Wut bei dir aus und wie bist du bisher damit umgegangen? Was möchtest du beim nächsten Mal anders machen? Hast du vielleicht unterdrückte Wut in dir? Auf Dauer wird sie dich kaputtmachen und deinen Beziehungen schaden. Bitte Gott, dir zu zeigen, wie du deine Gefühle auf gesunde Art und Weise ausdrücken und wieder Frieden in deinem Herzen spüren kannst.

∼

Ein Stein ist schwer und Sand wiegt viel, aber noch schwerer wiegt der Ärger über einen Narren.

SPRÜCHE 27,3; NL

Ein Narr ist jähzornig, der Kluge aber bleibt ruhig, wenn er beschimpft wird.

SPRÜCHE 12,16; NL

Vergebung befreit

NELLI LÖWEN

Hallo, meine liebe Tochter,

dass du frei bist wie ein Schmetterling, der unbeschwert durch einen farbenprächtigen Garten fliegt, das wünsche ich mir für dich. Manchmal jedoch verkleben deine Flügel – Verbitterung, Schuld und Verletzungen hindern dich am Fliegen. Dann komm immer wieder zu mir. Ich möchte dich befreien, und ich möchte, dass du wieder unbeschwert und glücklich bist. Ich bin dein Schöpfer. Ich hab dich lieb und ich schenke dir Freiheit. Lerne von mir. Lass dir die Last abnehmen. Vielleicht fühlst du, dass es zu schwer für dich ist loszulassen. Dann bitte mich um Hilfe! Ich werde dir helfen, wieder »flugfähig« zu werden. Gemeinsam schaffen wir das!

Und vergib uns unsere Schuld, wie auch wir
vergeben unsern Schuldigern.
MATTHÄUS 6,12; LU

243

Wie oft beten wir diesen Satz des Vaterunsers? Bei mir in der Gemeinde wird es häufig am Ende eines Gottesdienstes gebetet. Es ist das Gebet, das Jesus seinen Jüngern beigebracht hat. So sollten sie beten.

Ich frage mich manchmal: Bete ich wirklich aufrichtig das Vaterunser, und mein ich das, was ich da sage? Gott soll uns unsere Schuld vergeben, genauso wie wir auch jemandem vergeben, der uns verletzt hat? Tu ich das denn tatsächlich?

Ich merke häufig, wie schwer mir das fällt. Je tiefer die Verletzung und je stärker der Schmerz, umso schwerer fällt es mir, dem anderen zu vergeben. Aber was bedeutet eigentlich Vergebung? Heißt das, zu vergessen, was mir angetan wurde? Nein! Wenn ich jemandem vergebe, sage ich:»Hey, du hast mich verletzt. Aber ich bin nicht mehr sauer auf dich und ich trage dir das nicht mehr nach. Es ist so in Ordnung.« Damit gebe ich diese Person frei. Ich muss in meiner Gefühls- und Gedankenwelt nicht um den Schmerz und die Person, die mich verletzt hat, kreisen. Aber genau das ist gar nicht so einfach.

Einmal war ich wirklich tief verletzt. Ein junger Mann wäre um Haaresbreite eine Beziehung mit mir eingegangen. Im letzten Moment entschied er sich dann doch dagegen. Es fühlte sich für mich in diesem Moment so an, als würde mein Herz in mindestens 1.000 Teile zerspringen. Ich fühlte mich zerbrochen und kraftlos. Meine ganze Hoffnung zerbrach und der Traum von einer Beziehung mit diesem Mann flog davon. Ich hatte keinen Zipfel dieses Traumes mehr in meiner Hand. Nur ein zerbrochenes Herz blieb zurück. (Puh, wo ich gerade darüber nachdenke, fühle ich wieder diesen Schmerz. Wahrscheinlich habe ich so etwas davor und danach nicht mehr so intensiv erlebt …)

Irgendwann nach diesem Erlebnis wuchs aber für mich Gras über die Sache und die Erinnerungen daran verblassten langsam. Dennoch konnte ich mich nicht mehr richtig freuen. Irgendwie hatte ich das Gefühl, ein Schatten läge auf meiner Seele. Richtige Lebensfreude fühlte ich kaum noch, obwohl schon Monate vergangen waren. Was war mit mir los? Heute glaube ich, dass mein Herz wieder heilen musste. Der Schmerz war so tief, deshalb brauchte ich Zeit, um wieder richtig lebendig zu werden. Irgendwo in diesem langsamen Prozess der Heilung war es dann sehr wichtig, dass ich dieser Person wirklich von Herzen vergab. Mit meinen Lippen hatte ich schon häufig vergeben. Ich *wollte* wirklich vergeben. Aber irgendwie *konnte* ich es nicht wirklich. Ich war von dieser Person einfach zu enttäuscht und hielt es ihr, wenn auch nur in meinen Gedanken, immer wieder vor, dass sie sich unfair verhalten hatte. Aber irgendwann war es schließlich so weit, dass ich diesen Schmerz mit Gottes Hilfe loslassen konnte. Ich konnte diese Person wirklich loslassen! In einem Gebet konnte ich Gott sagen, dass ich nicht mehr an dieser Erfahrung festhalten möchte. Ich habe den Schmerz erlebt, ja, aber von da an sollte er meine Gedanken und meine Gefühle nicht mehr erfüllen. Ich wollte wieder unbeschwert leben. Ich war bereit, Jesus diesen Schmerz zu geben, damit ich nicht mehr davon erdrückt werde.

Aus dieser Erfahrung habe ich so einiges gelernt. Das Leben hat eben nicht nur schöne Seiten, sondern auch solche, die uns vielleicht im ersten Moment gar nicht gefallen. Aber mittlerweile sehe ich sogar etwas Gutes in der schmerzhaften Erfahrung. Wirklich! Denn weil mein Herz gebrochen war, konnte Jesus mir ganz nahe sein und es liebevoll wieder heilen. Dadurch hat er mich verändert, ja, er hat mein Herz verändert. Egal, was wir erleben und erfahren – Gott wünscht sich, dass wir lernen, der Person, die uns verletzt hat, zu vergeben. Wahrscheinlich ist das oft leichter gesagt als getan. Vielleicht hast du etwas erlebt, das dich traumatisiert hat. Das dein Leben dramatisch verändert hat. Möglicherweise fällt es dir sehr schwer, darüber zu sprechen. Egal, was es ist: Wenn es dich bedrückt und dein Leben verdunkelt, ist es dran, deine Wunde verarzten zu lassen, auch wenn es wahnsinnig wehtun wird. Jesus will dein Arzt sein und dir liebevoll und einfühlsam helfen! Wenn du beginnst, über deine Erfahrung zu sprechen, wirst du erleben, dass damit ein Heilungsprozess losgeht. Es wird dich immer mehr befreien. Je tiefer die Wunde ist, desto länger dauert es wahrscheinlich zu vergeben. Aber es lohnt sich! Denn die Freiheit, die du dadurch gewinnst, wird dein Leben leichter machen. Es tut so gut, befreit zu leben. Denn das ist das, was sich Gott für dich und mich wünscht.

MITTEN INS LEBEN

Wo hast du in deinem Leben Erlebnisse gehabt und Erfahrungen gemacht, die du noch nicht verarbeitet hast? Wo hast du Dinge erlebt, die dein Herz gebrochen haben? Vielleicht ist es jetzt für dich dran, dir von Jesus zeigen zu lassen, wo du noch vergeben solltest. Lass dir von Jesus die Wunden in deinem Leben offenbaren und dir zeigen, wo du noch Heilung brauchst, wo du Dinge loslassen solltest. »Aber die Person hat doch ...«, denkst du vielleicht. Ja, die Person hat vielleicht ganz und gar nicht richtig gehandelt. Aber indem du ihr vergibst, tust du dir selbst etwas Gutes!
Heute möchte ich dir Mut machen, damit zu beginnen. Ich bete für dich, dass Gott dir dafür Kraft gibt.

Seid aber untereinander freundlich und herzlich und vergebt einer dem andern, wie auch Gott euch vergeben hat in Christus.

EPHESER 4,32; LU

Ich bin der Herr, dein Arzt.

2. MOSE 15,26B; LU

An andere denken

JULIA NEUDORF

Mein liebes Kind,

ich freue mich, wenn du mit mir redest. Besonders freue ich mich, wenn ich der Erste bin, zu dem du kommst, wenn du ein Problem hast, oder auch, wenn dir etwas Tolles passiert ist. Du glaubst wahrscheinlich nicht, wie wertvoll mir diese Zeit mit dir ist. Ich wünsche mir, dass dir unsere Freundschaft genauso wichtig ist wie mir. Aber manchmal bist du einfach zu beschäftigt mit anderen Dingen. Es scheint mir, als würden deine eigenen Sorgen und Probleme dich so einnehmen, dass du deine Mitmenschen gar nicht mehr siehst. Du weißt, du kannst mir alles sagen, aber wenn du mir deine Sorgen abgibst, dann lass sie doch auch bei mir. Fang nicht wieder an, dir den Kopf darüber zu zerbrechen. Öffne deine Augen lieber für die Menschen um dich herum. Wenn du weißt, dass ich mich um alle deine Sorgen kümmere, kannst du dich nun umso mehr um andere kümmern. Dadurch, dass du die Sorgen und Nöte deiner Mitmenschen vor mich bringst, bekommst du einen ganz neuen Blick auf sie. Du bekommst eine Ahnung davon, wie ich sie sehe.

Vor allem anderen fordere ich euch auf, für alle Menschen zu beten. Bittet bei Gott für sie und dankt ihm.

1. TIMOTHEUS 2,1; NL

Unser Leben kann manchmal ganz schön hektisch sein: Termine, Verabredungen, Klassenarbeiten und dann auch noch all die Sorgen, die uns plagen: *Soll ich Abi machen oder doch eine Ausbildung? Komme ich gut bei meinen Klassenkameraden an? Wie soll ich es durch die nächste Matearbeit schaffen?* Fragen über Fragen, Sorgen über Sorgen! Meine Gedanken kreisen sehr oft den ganzen Tag um ähnliche Fragen. Oft glaube ich, meine Sorgen bei Gott abgegeben zu haben, aber einige Tage oder nur Augenblicke später fangen meine Gedanken wieder an, um ein und dasselbe Problem zu kreisen. Aber dreht sich unser Leben denn wirklich nur um unsere Fragen und Sorgen? Manchmal vergesse ich in all dem Wust an Terminen, Fragen und Problemen vollkommen, dass es noch Menschen um mich herum gibt, die sich vielleicht mit noch viel größeren Problemen herumschlagen müssen, als ich es muss. Ich bin manchmal so damit beschäftigt, all meine Probleme in den Griff zu bekommen, dass ich ganz vergesse, mich für die Probleme der andern zu interessieren, geschweige denn, diese im Gebet vor Gott zu bringen.

Leider ist es mir auch schon passiert, dass ich jemandem versprochen hatte, für sein Anliegen zu beten, und erst zwei Wochen später, als ich die Person wieder traf und sie mir für die Gebete dankte, mir mein Versprechen wieder einfiel. Ich musste beschämt feststellen, dass ich nicht ein einziges Mal für das Anliegen gebetet, ja, noch nicht mal daran gedacht hatte!

Vor einiger Zeit ist mir in meiner Stillen Zeit ein Mann aus dem Alten Testament aufgefallen, der mir in puncto »an andere Menschen denken« ein großes Vorbild geworden ist: Nehemia. Gleich am Anfang der Geschichte kann man lesen, dass Nehemia sich erkundigt, wie es den Israeliten geht. Als er erfährt, dass es ihnen schlecht geht, ist das Erste, was er tut: BETEN. Er überlegt nicht erst, wie er das Problem selber lösen könnte. Er rennt auch nicht als Erstes zum König, um ihn um Hilfe zu bitten. Nein, Nehemia betet zuallererst. Wow, wenn ich doch bloß auch immer so reagieren könnte! Leider ist es oft so, dass wir erst ein Stoßgebet sprechen, wenn wir merken, dass wir es alleine nicht mehr schaffen, nicht wahr? Was tust du, wenn dir deine Freundin erzählt, dass ihre Eltern sich wieder mal gestritten haben oder sie in der Schule großen Ärger hat? Oder wenn du erfährst, dass jemand aus deiner Klasse krank ist? Gibst du ihm irgendwelche Ratschläge oder versuchst du ihm vielleicht, so gut es geht, aus eigener Kraft zu helfen – oder wendet ihr euch zuallererst gemeinsam an Gott? Ich glaube, wir würden unseren Freunden manchmal viel mehr helfen, wenn wir für sie beten, anstatt ihnen irgendwelche Ratschläge zu geben. Gott hat viel mehr Macht, als wir manchmal glauben, und er wirkt auch oft ganz anders, als wir uns das vorstellen. Er hat den besten Rat und die beste Hilfe, egal, um welches Problem es geht.

Die zweite Sache, die mir an Nehemia aufgefallen ist: dass er sich wirklich für seine Mitmenschen interessiert. Es ist ihm wirklich wichtig, wie es den Israeliten geht. Er betet nicht lieblos sein Gebet für sie herunter, nur um seine Pflicht erfüllt zu haben. Nein, er ist mit ganzem Herzen bei der Sache. Und das, obwohl er selber bestimmt eine Menge eigener Sorgen hatte. Er hätte sich zum Beispiel damit beschäftigen können, wie es in Zukunft bei ihm weitergeht oder wie er vielleicht noch einen besseren Job bekommen könnte. Aber davon lesen wir nichts. Es gab nichts, was ihn davon abhielt, sich für seine Mitmenschen einzusetzen. Für diesen Moment waren sie für ihn das wichtigste Anliegen.

MITTEN INS LEBEN

Probiere doch einfach mal aus, dein Gebetsleben ein wenig umzu-schmeißen. Nimm dir für die nächste Woche vor, alles vor Gott zu bringen, was dich selber bewegt. Ihm ist nichts zu klein oder unwichtig! Wenn du deine Anliegen an Gott abgegeben hast, dann lass sie auch dort und vertrau ihm. Und dann wende deinen Blick zu den Menschen um dich herum. Zeig Interesse an ihnen und vor allem: Bete für sie. Nimm dir vor, einen großen Teil deines Gebetes für andere zu investieren. Mach dir, wenn du magst, eine Liste mit den Menschen, für die du beten willst, dann fällt es dir leichter, niemanden zu vergessen.

∼

Wendet euch, vom Heiligen Geist geleitet, immer und überall mit
Bitten und Flehen an Gott. Lasst dabei in eurer Wachsamkeit nicht
nach, sondern tretet mit Ausdauer und Beharrlichkeit für alle ein,
die zu Gottes heiligem Volk gehören.

EPHESER 6,18; NGÜ

[Paulus schreibt:] »Jedes Mal, wenn ich an euch denke, danke
ich meinem Gott. Ich bete immer für euch und tue es mit frohem
Herzen.«

PHILIPPER 1,3+4; NL

»Herr, hilf mir!«

NELLI LÖWEN

Mein liebes Kind,

ich bin wirklich immer, immer, immer bei dir und mit dir. Glaubst du mir das? »Selbst wenn ich durch ein finsteres Tal gehen muss, wo Todesschatten mich umgeben, fürchte ich mich vor keinem Unglück, denn du, Herr, bist bei mir!«, singt David (Psalm 23,4). Er hat häufig erlebt, dass er in Schwierigkeiten steckte, sogar in Todesgefahr war. Trotzdem schreibt er in seinem Lied, dass er keine Angst hatte, weil ich mit ihm gewesen bin. Und er wusste, dass ich immer bei ihm sein werde. Ein solches Vertrauen liebe ich sehr. Ich wünsche mir, dass du mir auch in allen Dingen fest vertraust. Ich werde dich niemals fallen lassen. Wie könnte ich das jemals tun? Dafür liebe ich dich viel zu sehr.

Doch als er [Petrus] merkte, wie heftig der Sturm war, fürchtete er sich. Er begann zu sinken. »Herr«, schrie er, »rette mich!«

MATTHÄUS 14,30; NGÜ

Manchmal wünsche ich mir, immer auf der Sonnenseite parken zu können. Leider erlebe ich ab und zu, dass ich diesen Parkplatz nicht finde. Wie gehe ich mit den Schatten in meinem Leben um? Wie überlebe ich stürmische Zeiten, ohne einen größeren Schaden davonzutragen?

Hier kommt die goldene Regel für jede schwierige Zeit: Guck zu Jesus und halte dich an ihm ganz fest! Er wird dich niemals fallen lassen, egal, wie dunkel es gerade um dich herum ist. Ich weiß, wovon ich spreche. In meinen 26 Jahren auf dieser Erde habe ich schon Zeiten erlebt, in denen ich großen Liebeskummer hatte, in denen ich mich selbst nicht annehmen konnte, in denen mich Schuldgefühle geplagt haben oder ich einfach keine Kraft und Freude mehr zum Leben hatte. In diesen dunklen Phasen war ich total auf Gott angewiesen. Ich habe mich an ihm festgehalten und dadurch erfahren, dass er mich trägt. Gerade dann, wenn ich mich kaum noch auf den Beinen halten konnte.

Genauso erging es Petrus. Er und die anderen Jünger waren gerade mit dem Boot auf dem See, als sie Jesus kommen sahen. Als Jesus Petrus aufforderte, zu ihm auf das Wasser zu kommen, stieg dieser mutig aus dem Boot und setzte Schritt für Schritt seine Füße auf die Wasseroberfläche. Das Wasser trug ihn tatsächlich. Doch als er den heftigen Wind spürte, bekam er Schiss und fing an zu sinken.

Kennst du das Gefühl? Eben noch war alles prima. Du hast in der Pause mit deinen Klassenkameraden viel Spaß gehabt. Der Tag war einfach nur toll. Gleich hast du dein Lieblingsfach und du freust dich schon drauf. Dein Lehrer kommt rein und gibt die Klassenarbeiten zurück. Überraschenderweise hast du keine gute Note! Mit der schlechten Note hast du überhaupt nicht gerechnet. Du ärgerst dich und plötzlich fängst du an zu sinken. Die Klassenkameraden, die du eben noch richtig cool fandest, magst du in diesem Moment irgendwie doch nicht mehr so sehr. Sie tuscheln gerade miteinander und du fühlst dich leicht ausgegrenzt. Eigentlich hattet ihr euch nach der Schule zum Eisessen verabredet, aber darauf hast du nun keine

Lust mehr. Schließlich ist alles doof! So sinkst du immer weiter und weiter.

Was macht Petrus in diesem Moment? Ist er starr vor Schreck und sinkt immer tiefer? Nein. Als er anfängt zu sinken, schreit er sofort: »Herr, hilf mir!« Er wusste, dass er in diesem Moment ganz auf Jesus angewiesen ist. Sich selbst konnte er nicht helfen. Wenn ihm einer helfen konnte, dann Jesus.

Was machst du in Zeiten, in denen du Probleme hast und darin fast versinkst? Fängst du an, mit deinen Armen zu rudern, um irgendwie über Wasser zu bleiben? Wäre es nicht besser, Jesus um Hilfe zu bitten? Er steht bereit und reicht dir die Hand. Er möchte dir so gerne helfen! Mit seiner Hilfe sind wir in jeder Situation im absolut sicheren Bereich. Die Wellen können uns dann nichts mehr anhaben. Vielleicht bist du gerade verliebt, doch du merkst, dass dein Schwarm deine Freundin toller findet als dich. Vielleicht hast du das Gefühl, dass deine Eltern deine Schwester lieber haben als dich und dass du sowieso nicht so wertvoll bist wie sie. Vielleicht findest du dich unsportlich und nicht so hübsch und bist deswegen oft traurig. Was auch immer es ist: Mach dir gerade in stürmischen Zeiten bewusst, wie abhängig du von Jesus bist. Rede mit ihm, sage ihm, dass du gerade in dieser harten Zeit Jesus ganz nah an deiner Seite haben willst. Dass du ihn brauchst, wie ein kleines Kind seine Mutter braucht. Dass du total auf ihn angewiesen bist. Bitte ihn, dich ganz besonders festzuhalten und auf dich aufzupassen.

Bei mir entwickeln sich stürmische Zeiten oft folgendermaßen: Ich möchte sehr gern in verschiedenen Bereichen mitarbeiten und bin begeistert und total motiviert – und sage zu, mich zu engagieren. Mit der Zeit merke ich dann, dass ich die vielen Aufgaben kaum geregelt bekomme. Ständig ist irgendwas los. So habe ich immer weniger Zeit für meine Freunde und kaum noch Zeit für mich persönlich. Langsam beginne ich zu sinken und verliere den Boden unter meinen Füßen. Ich fühle mich den vielen Aufgaben nicht gewachsen. Dann bin ich ausgelaugt und möchte einfach nur bei Jesus sein und mich von ihm erfrischen lassen. Neu von ihm ermutigen lassen. Neue Kraft geben lassen. Damit ich wieder gestärkt weitergehen kann.

Der Satz »Herr, hilf mir!« macht deutlich, dass hier jemand seine Hilfe nur von Gott allein erwartet. Ist das auch dein Satz? Versuchst du selbst, dich aus deinen Problemen zu befreien, oder überlässt du die Sache lieber Gott?

Als ich Snowboarden gelernt habe, sagte meine Snowboardlehrer immer zu mir: »Nelli, du wirst häufig hinfallen. Aber bleib nicht liegen. Steh auf. Jedes Mal, wenn du hingefallen bist, steh sofort wieder auf.« Mir ist dieser Satz hängen geblieben. Probleme werden uns immer wieder den Boden unter den Füßen wegreißen. Wir werden immer wieder hinfallen. Wir werden sinken. Das ist eine unvermeidliche Tatsache. Doch jedes Mal dürfen wir wieder aufstehen – mit Jesu Hilfe – und weitergehen. Immer und immer wieder wird Jesus uns die Hand reichen und uns aus dem Meer der Schwierigkeiten herausziehen. So, wie er es bei Petrus gemacht hat.

MITTEN INS LEBEN

Ein herausforderndes Thema, nicht wahr? Dir fallen bestimmt harte Zeiten ein, in denen es unglaublich schwer war, weiterzumachen. Gestalte dir doch diese Woche dein persönliches Mutmach-Poster. Schreibe den Vers, der dir heute wichtig geworden ist, auf ein gro-ßes Blatt Papier, gestalte es kreativ und hänge es in deinem Zimmer auf, dorthin, wo du es ständig vor Augen hast. Und dann erinnere dich immer wieder daran: Jesus möchte dir in deinen Herausforde-rungen zur Seite stehen!

~

Ich richte meinen Blick empor zu den Bergen – woher wird Hilfe
für mich kommen? Meine Hilfe kommt vom Herrn, der Himmel
und Erde geschaffen hat. (…) Der Herr behütet dich, wenn du gehst
und wenn du kommst – jetzt und für alle Zeit.

PSALM 121; NGÜ

Selbst junge Menschen ermüden und werden kraftlos, starke Männer
stolpern und brechen zusammen. Aber alle, die ihre Hoffnung auf
den Herrn setzen, bekommen neue Kraft. Sie sind wie Adler, denen
mächtige Schwingen wachsen. Sie gehen und werden nicht müde,
sie laufen und sind nicht erschöpft.

JESAJA 40,30–31; HFA

Sei eine Lilie – und kämpf dich zum Licht

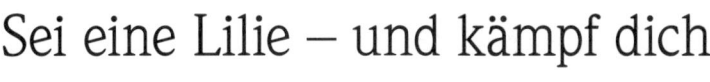

REGINA NEUFELD

Meine geliebte Tochter,

ich weiß, wie es ist, wenn du dich überwältigt fühlst und nicht weißt, was du tun sollst. Ich weiß, wie es ist, den einfachen Weg wählen zu wollen, obwohl der schwere der richtige ist. Ich weiß, dass der Feind Gottes sehr hinterhältige Maschen anwendet, um dich zur Sünde zu verleiten. Ich weiß, wie das ist, denn ich habe es selbst durchgemacht.

Doch ich habe gesiegt. Und weil du zu mir gehörst, kann der Sieg auch dir gehören. Du bist nicht hilflos, denn ich bin dein Helfer. Ich bin die Kraft in deinen schwachen Momenten. Also erschrecke nicht vor den Prüfungen, die ich zulasse, um dich noch näher zu mir zu ziehen. Ich habe dir kein leichtes Leben versprochen. Im Gegenteil, wenn du mir folgen willst, bleibst du vor schwierigen Wegen nicht verschont. Jetzt siehst du es noch nicht, doch diese Zeiten werden dich reif und stark machen und dazu beitragen, dass du in deiner vollen Schönheit aufblühen kannst.

Ich möchte euch dazu auffordern, für den Glauben zu kämpfen – für dieses unantastbare Gut, das denen, die zu Gottes heiligem Volk gehören, ein für alle Mal überbracht worden ist.

JUDAS 3B; NGÜ

Man möchte meinen, das Leben einer Blume sei bunt, leicht und locker. Sie wächst auf einer Wiese, einem Beet oder in einem Blumentopf, wird gegossen von Gott persönlich (oder auch dem Gartenschlauch) und streckt sich mühelos der Sonne entgegen.

Doch stell dir vor, du wärst eine Blume, die inmitten von Disteln, Brennnesseln und Dornen wächst, an einem Ort, den die Sonne kaum erreicht und der einfach nur düster und ungemütlich ist. Würdest du dann von einem besseren Leben in einem hellen, warmen Wohnzimmer träumen, oder wärst du bereit, dich zwischen dem Gestrüpp hindurchzuzwängen, um stolz und strahlend für deinen Schöpfer zu blühen?

Bist du bereit für diesen Kampf hin zum Licht?

Jesus-Nachfolger müssen sich dessen bewusst sein, dass sie sich ständig in einem Kampf befinden. Wir kämpfen gegen Lügen, die sich in unsere Gedanken einschleichen wollen, um uns von der Wahrheit wegzubringen. Wir kämpfen gegen unbiblische Werte wie Egoismus und Lieblosigkeit. Wir kämpfen gegen die Dornen um uns herum, die uns daran hindern wollen, für Jesus zu blühen. Doch wir lassen uns nicht dazu verleiten, den Kopf einzuziehen, sondern zwängen uns zwischen den Dornen hindurch, auch wenn wir einige Pikser und Kratzer davontragen. Doch auf diese Kampfverletzungen dürfen wir stolz sein, liebe Lilie!

Es ist doch klar, dass der Satan nicht möchte, dass wir in Gottes Wort lesen, beten oder jemandem von Jesus erzählen. Er will nicht, dass unsere Beziehung zu Gott wächst. Deshalb wird er alles dafür tun, um dies zu verhindern. Es sollte dich also nicht überraschen, wenn Versuchungen kommen. Sei bereit, dagegen anzukämpfen. Bereite dich vor. Wie du das tust, steht in Markus 14,38 (GN):

»Bleibt wach und betet, damit ihr in der kommenden Prüfung nicht versagt. Der Geist in euch ist willig, aber eure menschliche Natur ist schwach.«

1. Bleib wach!

Das tust du, indem du die richtige Einstellung gegenüber Sünde annimmst. Eigne dir eine ablehnende Haltung gegen alles an, was nicht von Gott kommt. Sünde und Heiligkeit widersprechen sich. Auch wenn du manchmal als »extrem« abgestempelt wirst, verharmlose Sünde nicht. Denn die Grenze zwischen Verharmlosung und dem Nachgeben ist sehr schmal.

Je mehr du Gott kennst, desto schneller wirst du wissen, was von ihm kommt und was nicht. Wenn dann die Versuchung kommt, stehst du vor der Entscheidung, ob du dagegen kämpfst oder nicht.

Wenn du merkst, dass wiederkehrende Situationen dich zur Sünde verleiten wollen, dann überlege dir, wie du verhindern kannst, dass du in die Falle tappst. Erstelle dir einen Fluchtplan. Halte bewusst Ausschau nach dem Feind und schlage so früh wie möglich Alarm.

2. Bete, bete, bete!

Befreie dich von der Lüge, der Versuchung hilflos ausgeliefert zu sein. Du kannst nicht nur physisch vor ihr fliehen, sondern auch geistlich gegen sie ankämpfen. Und das tust du in erster Linie im Gebet. Vergiss nicht: Du stehst auf der Seite des Siegers! Auch er hatte mit Versuchungen zu kämpfen. Er versteht dich. Und er weiß, wie man den Sieg erringt. Also versuch es gar nicht erst alleine, sondern bitte ihn um seine Kraft. In Johannes 15,5 sagt er: »Getrennt von mir könnt ihr nichts tun.«

Wenn dir die Worte fehlen, dann bete Bibelverse. Das ist eine sehr effektive Strategie, die Jesus selbst angewandt hat. Lerne Verse auswendig, die von der Macht Gottes sprechen. Du kannst dir auch ein Lied parat legen, das dir hilft, von der Versuchung weg hin zu Jesus zu schauen. Du wirst es in diesem Leben nie ganz schaffen, frei von Sünde zu sein. Doch du bist auch kein hilfloses Opfer der Sünde.

Ich hatte schon einige Gespräche mit jungen Frauen, die gegen Selbstbefriedigung ankämpften. Sosehr sie sich auch bemühten, sie kamen nicht davon los. Dann stelle ich zunächst einmal die Frage, wodurch diese Versuchung bei ihnen ausgelöst wird. Sind es Filme, die Sehnsucht nach Zärtlichkeit wecken? Dann schau sie dir nicht mehr an. Ist es der Laptop, der dich dazu verleitet, dir heimlich pornografische Bilder anzusehen? Dann setze dich mit deinem Laptop ins Wohnzimmer. Durch einfache Maßnahmen kann es manchmal schon gelingen, der Versuchung aus dem Weg zu gehen. Aber das gelingt nicht immer. Dann kannst du Gott fragen, warum du diesen Versuchungen immer wieder erliegst. Die Ursache liegt viel tiefer in deinem Herzen – und das kann nur er mit seiner Liebe und Wahrheit verändern.

Wir brauchen Jesu Kraft im Kampf gegen den Feind. Darum bete jeden Tag, dass er dir die Kraft schenkt, deinen »Lieblingssünden« zu widerstehen. Wache und bete. Rüste dich zum Kampf, liebe Lilie!

MITTEN INS LEBEN

Womit hast du zurzeit am meisten zu kämpfen? Wie sieht deine Kampfstrategie dagegen aus? Schreibe auf, wie du vor der Versuchung fliehen willst und wie du zurückschlagen kannst. Bei Leslie Ludy habe ich eine Empfehlung gefunden, die ich für eine tolle Idee halte: Bei Versuchungen, die sehr hartnäckig sind, bete ganz besonders intensiv für eine Person, die Jesus noch nicht kennt, weil es das ist, was der Satan am allermeisten hasst.* Für welche Person willst du beten?

∼

Meine lieben Freunde, erschreckt nicht über die schmerzhaften Prüfungen, die ihr jetzt durchmacht, als wären sie etwas Ungewöhnliches. Freut euch darüber, denn dadurch seid ihr im Leiden mit Christus verbunden, und ihr werdet euch auch sehr darüber freuen, wenn er in seiner Herrlichkeit erscheint.

1. PETRUS 4,12-13; NL

Mit strenger Hand erzogen zu werden tut weh und scheint zunächst alles andere als ein Grund zur Freude zu sein. Später jedoch trägt eine solche Erziehung bei denen, die sich erziehen lassen, reiche Früchte: Ihr Leben wird von Frieden und Gerechtigkeit erfüllt sein.

HEBRÄER 12,11; NGÜ

---

* Leslie Ludy, Lebe wahre Schönheit: Der Weg einer jungen Frau zu einem außergewöhnlichen Leben, Edition BSB, Lage: Lichtzeichen 2011, S. 176.

»Erst komm ich und dann komm ich«

NELLI LÖWEN

Hallo, mein liebes Mädchen,

ich liebe dich, so, wie du bist. Mit all deinen Ecken und Kanten. Doch ich möchte so gerne an diesen Kanten in deinem Leben arbeiten. Eine dieser Kanten heißt »Egoismus«. Häufig geht es dir nur darum, dass du gut dastehst und dass die Menschen dich schätzen und toll finden. Ich weiß, dass du dich danach sehnst, anerkannt zu werden und beliebt zu sein. Dabei vergisst du, dass ich diese Sehnsucht in dir stillen will. In meiner Gegenwart wirst du spüren, dass es nicht mehr wichtig ist, wie du vor anderen dastehst. Ich verrate dir ein Geheimnis: Wenn du groß sein willst unter den Menschen, dann höre auf, dich um dich selbst zu drehen, sondern schaue darauf, was der andere gerade braucht. Ich habe, als ich in Jesus auf der Erde gelebt habe, nach diesem Prinzip gehandelt. Ich habe mir nicht dienen lassen, sondern den Menschen gedient. Bitte mich um die Kraft, meinem Beispiel zu folgen. Wenn du – bildlich gesprochen – kleiner wirst, dann wirst du erleben, wie ich dich groß mache. Versprochen!

Wer unter euch groß werden will, soll den anderen dienen;
wer unter euch der Erste sein will, soll zum Dienst an den anderen
bereit sein. Denn auch der Menschensohn ist nicht gekommen,
um sich dienen zu lassen, sondern um zu dienen und sein Leben
als Lösegeld für viele hinzugeben.

MATTHÄUS 20,26–28; NGÜ

Zurzeit ist Fastenzeit, wie jedes Jahr zwischen Karneval und Ostern, und meine Arbeitskollegin fastet auch. Allerdings fastet sie nicht das Übliche, also Schokolade oder Kuchen, sondern: Egoismus. *Wie – Egoismus fasten? Das ist eine ziemlich verrückte Idee. Wie soll das denn gehen?* Das habe ich mir zuerst auch gedacht. Und dann hat mich der Einfall der Kollegin zum Nachdenken gebracht. Sind wir denn wirklich so häufig egoistisch, dass es sich »lohnt«, Egoismus zu fasten, das heißt, eine Zeit lang darauf zu verzichten, uns selbstsüchtig zu verhalten? An welchen Stellen zeigt sich denn überhaupt Egoismus?

Ich überlege einen Moment, und dann fallen mir plötzlich viele Situationen ein, in denen sich die Ichbezogenheit zeigt. Jemand ist dann egoistisch, wenn er ohne Rücksicht auf andere Menschen die persönlichen Vorteile genießen möchte. Ein sehr banales Beispiel: Du sitzt mit deiner Familie am Frühstückstisch. Es gibt leckere Croissants zum Frühstück. Dir läuft das Wasser im Mund zusammen, während du zum Nutellaglas greifst. Denn was gibt es Besseres als ein Croissant mit Nutella? Dabei merkst du, dass das Glas ziemlich leer ist. Es reicht vielleicht gerade noch für ein einziges Croissant. Deine Schwester mag auch Nutella. Hat sie jetzt Pech gehabt, weil du eine Sekunde schneller reagiert hast? Isst du dein Croissant mit Nutella – und sie guckt in die Röhre? Das wäre ziemlich egoistisch. Du würdest ohne Rücksicht auf deine Schwester deinen Vorteil genießen. Besser wäre es, wenn du fragst, ob sonst jemand gerne den letzten Löffel Nutella haben möchte. Vielleicht würde sich deine Schwester melden, aber das wäre in Ordnung – denn damit würdest du auf dein Recht verzichten und ihr damit dienen.

Ich persönlich möchte häufig gerne die »erste Geige« spielen. Ich wünsche mir, dass ich viele Freunde habe und beliebt bin und einfach mit den meisten Menschen gut klarkomme. Ich möchte gerne »Everybody's Darling« sein. Schlimm, oder? Es ist ziemlich eigennützig. Ich wünsche mir insgeheim häufig, dass nach meiner Nase getanzt wird, dass mein Vorschlag umgesetzt wird, dass meine Ideen gut ankommen und dass Menschen meine Kreativität schätzen. Merkst du was? Viel zu stark geht es mir dabei um mich persönlich. In meiner Gemeinde haben wir schon öfters ein Lied gesungen, in der es in einer Zeile heißt: »Erst komm ich und dann komm ich, pausenlos geht es um mich.« Genau das stelle ich immer wieder bei mir fest. Irgendwie sind wir Menschen darauf programmiert, nach Bestätigung und Anerkennung zu suchen. Und wehe, wenn wir das nicht bekommen! Dann ziehen wir uns zurück, sind beleidigt, enttäuscht und demotiviert.

Ich muss gerade schmunzeln. Ist das nicht kindisch? Ist das nicht total übertrieben?

Wie können wir nun unseren Egoismus bekämpfen? Indem wir uns von Jesus verändern lassen. Denn Jesus war kein Egoist. Er war selbstlos und dachte an das Wohl seiner Mitmenschen. Er ging mit offenen Augen durch die Welt, ständig war er bereit, Gutes zu tun und den Menschen zu helfen. Schließlich kam er nicht in die Welt, um sich dienen zu lassen, sondern um selbst zu dienen. Er war bereit, auf persönliche Rechte zu verzichten, um Menschen aus ihren selbst verschuldeten Situationen herauszuhelfen. Er starb, obwohl er persönlich absolut nichts getan hat, wofür er den Tod verdient hätte. Wäre er ein Egoist gewesen, dann hätte er mit Sicherheit alles versucht, um seinem Tod aus dem Weg zu gehen. Aber das hat er nicht getan. Er starb aus Liebe zu dir und mir. Er dient uns, damit wir leben können.

Jesus hat uns vorgelebt, wie wir leben sollen. Von ihm dürfen wir lernen. Wichtig ist es auch, dass wir ehrlich zu uns selbst sind. Welche Privilegien nehme ich mir, ohne auf meine Mitmenschen Rücksicht zu nehmen? An welcher Stelle sollte ich vielleicht jemand anderes den Vorrang geben? Vielleicht ist es für dich persönlich dran, in Diskussionen mit deiner Freundin nicht immer so rechthaberisch zu sein. Oder das nächste Solo im Jugendchor einer anderen Sängerin zu überlassen. Oder dein nächstes Taschengeld zu spenden. Mach dich doch mal gemeinsam mit Jesus auf die Suche nach den »Ego-Punkten« in deinem Leben. Und tausche sie bei ihm gegen »Nächstenliebe-Punkte« ein.

MITTEN INS LEBEN

Nimm dir doch heute bewusst die Zeit, um dir in der Stille und im Gebet von Jesus zeigen zu lassen, wo du dich in deinem Leben egoistisch verhältst. Schreibe es dir auf, gib ihm diese Dinge und bitte ihn um Veränderung. Wäre es nicht toll, wenn du Jesus in puncto Nächstenliebe immer ähnlicher wirst?

~

Wer sein Leben erhalten will, wird es verlieren; wer aber sein Leben um meinetwillen verliert, wird es finden.
MATTHÄUS 10,39; NGÜ

Nun wandte sich Jesus an alle und sagte: »Wenn jemand mein Jünger sein will, muss er sich selbst verleugnen, sein Kreuz täglich auf sich nehmen und mir nachfolgen.«
LUKAS 9,23; NGÜ

Was zählt, wenn das Leben zu Ende ist?

NELLI LÖWEN

Mein Kind,

bist du dir eigentlich darüber im Klaren, dass ich es immer gut mit dir meine? Ich möchte dir niemals wehtun. Ich liebe dich doch so sehr. Von Kopf bis Fuß. Auch wenn Menschen sterben, möchte ich ihnen damit nicht wehtun. Ich weiß, der Tod ist etwas, wovor du manchmal Angst hast. Er erscheint dir so fremd und unfair. Aber du brauchst davor keine Angst zu haben. Ich werde bei dir sein und mit dir diesen Schritt aus deinem Leben zu mir gehen. Angst ist also nicht nötig. Aber mache dir immer wieder bewusst: Das Leben ist begrenzt. Es ist ein wertvolles Geschenk, das ich dir gegeben habe. Ich wünsche mir sehr, dass du mit deinem Leben weise umgehst. Überlege dir gut, wie du deine kostbare Lebenszeit nutzen möchtest. Du kannst sie vergeuden und lauter Dinge tun, die letzten Endes keine Bedeutung haben. Aber du kannst sie auch gebrauchen, um mit mir Zeit zu verbringen. Je mehr Zeit du in die Begegnung mit mir investierst, desto stärker wird man es dir anmerken, dass du zu mir gehörst.

Lehre uns zu bedenken, wie wenig Lebenstage uns bleiben,
damit wir ein Herz voll Weisheit erlangen!

PSALM 90,12; NGÜ

267

Heute habe ich eine schlimme Nachricht bekommen. Ein junger Mann aus meiner Gemeinde ist bei einem Autounfall tödlich verunglückt. Er hinterlässt eine Frau, eine Tochter und einen Sohn. Am 1. Januar ist er mit einigen Männern aufgebrochen, um eine Hilfslieferung nach Portugal zu bringen … und kam nicht mehr zurück. Niemand hat damit gerechnet. Er wurde durch den Unfall ganz plötzlich aus dem Leben gerissen und hinterlässt eine große Lücke im Leben seiner Familie. Es fröstelt mich. Es ist so tragisch! Diese Nachricht bringt mich stark zum Nachdenken. Wie schnell kann das Leben doch zu Ende sein! Kein Mensch entscheidet selbst, wann er auf natürliche Art und Weise stirbt. Ebenso wenig kann sich niemand davor schützen, dass er in einen Autounfall gerät. Niemand kann sagen, wie lange er leben wird. Ich kann nicht sagen, wie lange ich leben werde. Du kannst nicht sagen, wie lange du leben wirst. Irgendwann ist es für jeden dran, zu sterben. Ich weiß, es ist in unserer Gesellschaft nicht üblich, über den Tod nachzudenken. Erst recht nicht, wenn man noch jung ist.

»Genieße das Leben und nutze es aus, solange du es hast«, heißt es überall. Schön und gut! Doch wenn man gar keine Gedanken an den Tod verschwendet, so ist das geradezu dumm – denn die Wahrscheinlichkeit, dass wir sterben, liegt bei hundert Prozent. David schreibt in einem Psalm: »Lehre uns zu bedenken, wie wenige Lebenstage uns bleiben, damit wir ein Herz voller Weisheit erlangen!«

Jeder Mensch hat die Chance, sein Leben so zu gestalten, wie es für ihn persönlich Sinn macht. Um genau das einmal gedanklich durchzuspielen, kann es hilfreich sein, wenn wir uns unsere persönliche Beerdigung vorstellen. Keine Angst, das ist nur ein Gedankenspiel. Stell dir doch einmal vor, dein kleines Leben auf der Erde ist beendet. Du bist gestorben und deine ganze Familie, deine Freunde und viele Bekannte treffen sich zu deiner Beerdigung. Sie weinen und sie trauern. Du hinterlässt eine Lücke in ihrem Leben, die so schnell niemand füllen kann. Irgendwann tritt der Pastor nach vorne und liest die Grabrede vor. Er erwähnt, was dich ausgezeichnet hat, was dich charakterisiert hat, was dein Leben geprägt hat, was dir wichtig war, wofür du gelebt hast und wofür dein Herz geschlagen hat. Was wird er über dich vorlesen? Du kannst dir das nicht aussuchen, denn nicht du selbst schreibst deine Grabrede. Dein Leben schreibt sozusagen deine Grabrede. Wie du gelebt hast, wird einmal Einfluss darauf haben, was man über dich erzählen wird.

Was geht dir jetzt durch den Kopf? Wirkt das ziemlich beängstigend auf dich? Muss es aber nicht! Denn du lebst und kannst beeinflussen, was Menschen einmal über dich erzählen werden. Heute kannst du dir überlegen, was dir in deinem Leben wichtig ist. Woran sollen sich die Menschen noch viele Jahre lang erinnern, wenn sie an dich denken? Was soll dein Leben ausmachen? Ist es dir wichtig, dass dein Name oft erwähnt wird? Soll dein Name mit einer tollen Karriere und mit viel Besitz in Verbindung gebracht werden? Sollen die Menschen noch lange Zeit davon erzählen, wie toll du gesungen hast? Sollen sie dich und deine Fähigkeiten bewundern?

Johannes der Täufer hatte für sich eine andere Entscheidung getroffen. Ihm ging es nicht darum, viele Fans und Bewunderer zu haben. Er wollte sein Leben komplett für Jesus leben und seine ganze Kraft und Energie dafür aufbringen, um Jesus groß zu machen. Wahrscheinlich wäre es für Johannes nicht schlimm gewesen, wenn die Menschen bei seiner Beerdigung seinen Namen vergessen und nur noch an den Namen Jesus gedacht hätten. Denn ständig hatte Johannes von Jesus erzählt (siehe Johannes 1,29–34).

Wie ist es mit dir? Wäre es nicht schön, wenn die Menschen davon erzählen würden, wie du deinen Glauben an Jesus ausgelebt hast? Stell dir vor, sie würden darüber sprechen, dass du Jesus geliebt und ständig eine innere Freude ausgestrahlt hast, dass du anders warst als viele andere, liebevoll, großzügig und hilfsbereit. Stell dir vor, sie würden davon erzählen, dass du mit Freunden über Jesus gesprochen hast, obwohl du wusstest, dass deine Freunde dich auslachen würden. Stell dir vor, sie würden sich daran erinnern, dass du die Menschen getröstet hast, wenn sie traurig waren, und ihnen geholfen hast, wenn sie Hilfe benötigten. Diese Dinge vergehen nicht. Sie bleiben – weil sie Spuren im Leben anderer Menschen hinterlassen.

Wäre es nicht schön, wenn du am Ende deines Lebens Jesus richtig ähnlich geworden wärst?

Ich habe für mich entschieden, dass ich genau das möchte. Ich wünsche mir so sehr, dass Menschen an meinem Leben erkennen können, dass ich Jesus mit meinem ganzen Herzen gefallen möchte. Ich wünsche mir, dass sie merken, dass Jesus mein Leben radikal beeinflusst und verändert. Ja, wahrscheinlich wäre für mich das größte Kompliment, wenn sie auf meiner Beerdigung sagen würden: »Sie hat Jesus geliebt. Mehr als alles andere auf der Welt.«

MITTEN INS LEBEN

So, jetzt bist du gefragt! Du darfst deine eigene Grabrede schreiben. Was sollen die Menschen auf deiner Beerdigung über dich erzählen? Falls es etwas ist, was sie von dir, so wie du heute bist, noch nicht sagen könnten, dann weißt du, was du tun kannst. Jeder Tag ist ein neuer Anfang und eine neue Chance! Lebe so, wie du in Erinnerung behalten werden möchtest! Jesus will dir dabei helfen, so zu leben, wie es ihm Freude macht.

∽

[Jesus] antwortete: »›Du sollst den Herrn, deinen Gott, lieben von
ganzem Herzen, mit ganzer Hingabe, mit aller deiner Kraft und
mit deinem ganzen Verstand!‹ Und: ›Du sollst deine Mitmenschen
lieben wie dich selbst!‹«

LUKAS 10,27; NGÜ

[Johannes der Täufer sagte:] »Christus soll immer wichtiger werden,
und ich will immer mehr in den Hintergrund treten.«

JOHANNES 3,30; HFA

Chamäleon oder Schmetterling?

JULIA NEUDORF

Meine geliebte Tochter,

du weißt, ich habe ursprünglich eine perfekte Welt geschaffen. Alles war durchdacht und einfach gut! Leider ist dann die Sünde in die Welt gekommen – und jetzt geht langsam alles immer mehr kaputt. Meine Schöpfung entfernt sich immer mehr von dem Bild, das ich mir ganz am Anfang erdacht hatte. Was mich sehr traurig macht, ist, dass die Menschen oft gar nichts mehr von mir wissen wollen. Vielen sind meine Werte, die ich euch Menschen als Orientierung gegeben habe, völlig egal. Sie wollen ihren eigenen Weg gehen und entwickeln ihr eigenes Bild davon, was gut und was schlecht ist. Sie glauben, mich nicht zu brauchen. Umso mehr freue ich mich darüber, dass du nach mir suchst, auch wenn dein Umfeld das manchmal nicht verstehen kann. Sei vorsichtig, und prüfe immer, wonach du deine Meinung ausrichtest. Halte dich an meine guten Maßstäbe, die dir helfen wollen, ein erfüllendes Leben zu führen. Mein Wort gilt auch heute noch und ich bin immer noch derselbe.

Richtet euch nicht länger nach den Maßstäben dieser Welt, sondern lernt, in einer neuen Weise zu denken, damit ihr verändert werdet und beurteilen könnt, ob etwas Gottes Wille ist – ob es gut ist, ob Gott Freude daran hat und ob es vollkommen ist.

RÖMER 12,2; NGÜ

Heiraten? Wer braucht denn das heute noch? Man kann doch auch so zusammenleben.

Homosexualität? – Wo die Liebe eben hinfällt! Dann lieben halt Männer Männer und Frauen Frauen. Wer dagegen ist, kommt aus der Steinzeit.

Selbstverwirklichung? – Klar! Ich muss mich selbst finden, in erster Linie an mich denken und das tun, was ich möchte.

Freizügigkeit? – Ist doch mein Körper! Ich kann damit machen, was ich will. Ich hab nichts zu verstecken. Außerdem passe ich mich nur der Mode an.

Egoismus? – Wenn jeder an sich denkt, ist an alle gedacht!

Gender Mainstreaming?* – Jeder sollte sich sein Geschlecht aussuchen dürfen. Vielleicht ist man ja im falschen Körper geboren. Niemand sollte in eine bestimmte Rolle gedrängt werden.

Emanzipation? – Frauen und Männer sind gleich! Wer was anderes sagt, diskriminiert die anderen.

Das sind die Dinge, die mir spontan zum Stichwort »Maßstäbe dieser Welt« eingefallen sind. Es sind Wertvorstellungen der Welt, in der wir leben. Wir können uns dem nicht entziehen, nicht davor weglaufen. Diese Meinungen, Einstellungen und Verhaltensweisen prägen und beeinflussen uns, ob wir das wollen oder nicht. Sie begegnen uns überall: in Serien und Filmen, auf Werbeplakaten, in Zeitschriften, auf der Straße – ja, selbst im Klassenraum. Manche Dinge haben sich schon lange durchgesetzt und manche Trends werden gerade heiß diskutiert.

Aber wie sollen wir nun mit den Maßstäben, die sich andere Menschen ausgedacht haben, umgehen? Sollen wir die Meinungen einfach übernehmen und so denken wie alle anderen? Fragen wir wirklich immer danach, was Gott zu diesen Themen sagt?

---

* Das Wort bezeichnet eine Denkrichtung, die davon ausgeht, dass die Unterschiede zwischen Mann und Frau vor allem durch die Erziehung zustande kommen, also nicht eindeutig biologisch vorgegeben sind. Die Befürworter fordern daher die totale Gleichstellung von Mann und Frau auf allen Ebenen des gesellschaftlichen Lebens.

Gott möchte nicht, dass wir uns nach Werten richten, die alle Welt als »trendy« oder »normal« bezeichnet. Nur weil etwas »normal« geworden ist, heißt das noch lange nicht, dass Gott das auch so sieht. Natürlich ist nicht alles schlecht, was in unserer Gesellschaft als normal gilt. Aber Gott ist es wichtig, dass wir Meinungen aus unserem Umfeld nicht einfach gedankenlos übernehmen oder so handeln wie alle anderen – uns also überall anpassen, um ja nicht aufzufallen. Gott hat etwas viel Besseres für uns vorgesehen als ein Chamäleondasein! Er wünscht sich, dass wir uns mit den Maßstäben beschäftigen, die *ihm* wichtig sind – und danach leben. Dazu ist es nötig, dass unser Denken von Grund auf verändert wird. Wir müssen Gott erlauben, in unser Leben hineinzureden, auch wenn es nicht mit dem zusammenpasst, was alle anderen sagen.

Fangen wir also an, nach seinen Maßstäben zu suchen! Sein Wort ist eine gute Schatzkiste, wo wir fündig werden. Wenn du Fragen zu bestimmten Themen hast, such in der Bibel nach Antworten. Frag deine Eltern oder deine Jungscharleiter, wo du Bibelstellen zu einem bestimmten Thema finden kannst. Die Veränderung unseres Denkens kann man mit der Verwandlung eines Schmetterlings vergleichen: Ganz langsam schlüpft aus dem Kokon ein wunderschöner Schmetterling. Diese Verwandlung dauert bei uns Menschen sehr lange und wird wahrscheinlich erst zu Ende sein, wenn wir in den Himmel kommen. Lass dich aber von diesem langen Prozess nicht entmutigen. Sei vielmehr gespannt auf deine Veränderung. Die gute Nachricht ist: Du musst dich nicht selbst abstrampeln, um dich zu verändern! Im Eingangsbibelvers Römer 12,2 steht nämlich: »... damit ihr verändert *werdet*«. Gott selbst will dich verändern. Das Einzige, was du tun musst, ist: es *wollen* und ihn einfach in dir wirken lassen.

Willst du versuchen herauszufinden, was Gottes Meinung ist? Hier eine kleine Liste für den Anfang ...

Heiraten? – z. B. 1. Mose 2,24
Homosexualität? – z. B. 3. Mose 18,22

Selbstverwirklichung? – z. B. Psalm 139,16

Freizügigkeit? – z. B. 1. Timotheus 2,9

Egoismus? – z. B. Johannes 13,34

Gender Mainstream? –z. B. 1. Mose 1,27–28; Psalm 139,13–14

Emanzipation? – z. B. Epheser 5,25–28

Pass dich nicht einfach wie ein Chamäleon deiner Umwelt an. Sei vielmehr wie ein Schmetterling, der langsam aus seinem Kokon schlüpft!

MITTEN INS LEBEN

Such dir ein Thema, das dich im Moment besonders beschäftigt, und versuche herauszufinden, was Gott dazu sagt. Frag andere, was sie darüber denken, aber vor allem schnapp dir deine Bibel und suche darin nach Gottes Maßstäben. Eine Hilfe für deine »Forschungsreise« können Online-Bibeln sein, wo du gezielt Suchbegriffe eingeben kannst, oder auch die Themenkonkordanz auf www.die-bibel.de.

∼

Nehmt euch vor denen in Acht, die euch mit einer leeren, trügerischen Philosophie einfangen wollen, mit Anschauungen rein menschlichen Ursprungs, bei denen sich alles um die Prinzipien dreht, die in dieser Welt herrschen, und nicht um Christus.

KOLOSSER 2,8; NGÜ

Stattdessen sollt ihr einander fragen: »Was hat der Herr geantwortet?«, oder: »Was hat der Herr gesagt?«

JEREMIA 23,35; NL

Steh auf, wenn du Jesus liebst!

NELLI LÖWEN

Mein liebes Mädchen,

ich mag es, dich anzuschauen. Ich freue mich über dich! Ja, manchmal habe ich das Gefühl, dass so viel Tatendrang in dir steckt. Ich mag es, dir dabei zuzuschauen, wenn du deinen Tag planst und deinen Hobbys nachgehst. Manchmal frage ich mich, warum du dich nicht mit derselben Liebe und mit demselben Eifer für mich einsetzt. Ich möchte gern mein Reich auch durch dich bauen. Ich will dich gebrauchen! Denn es gibt so viel zu tun. Du wirst viel verpassen, wenn du dich mir nicht zur Verfügung stellst. Aber wenn du dich für mich einsetzt, wirst du über dich hinauswachsen. Du wirst merken, dass es dich erfüllt, auch wenn es nicht immer einfach ist, mir zu dienen. Lass dich auf dieses Abenteuer ein! Ich will dich reichlich dafür belohnen.

[Jesus sagt:] »Darum geht zu allen Völkern und macht die Menschen zu meinen Jüngern; tauft sie auf den Namen des Vaters, des Sohnes und des Heiligen Geistes, und lehrt sie, alles zu befolgen, was ich euch geboten habe. Und seid gewiss: Ich bin jeden Tag bei euch, bis zum Ende der Welt.«

MATTHÄUS 28,19+20; NGÜ

»Mädchen, wenn du Jesus liebst, dann steh jetzt auf, beweg dich!«,
singt Mischa Marin in einem Lied. Das Lied ist ziemlich flippig und
macht gute Laune. Ich höre es jedenfalls sehr gerne. Und der Text?
Macht der auch gute Laune? Hm, der Song fordert mich heraus, aufzustehen und aktiv zu werden. Wie geht es dir mit dem Gedanken?
Heute ist doch Chillen in! Einfach nur rumhängen. Nix tun. Und das
ist auch nichts Schlimmes. Wir dürfen den Moment genießen und
uns auch ausruhen. Aber für ein Dauerchillen sind wir nicht auf der
Welt. Denn wir haben einen Auftrag. Einen Auftrag, den Jesus selbst
dir und mir gibt. Bist du jetzt überrascht? Dann lass uns doch mal
zusammen Matthäus 28,19+20 lesen. Das sind die letzten Worte, die
Jesus seinen Jüngern gibt, bevor er die Erde verlässt. Sie gelten aber
auch heute für dich und für mich:

»Darum geht zu allen Völkern und macht die Menschen zu meinen Jüngern; tauft sie auf den Namen des Vaters, des Sohnes und
des Heiligen Geistes und lehrt sie, alles zu befolgen, was ich euch
geboten habe. Und seid gewiss: Ich bin jeden Tag bei euch, bis zum
Ende der Welt.« Mir fällt auf, dass Jesus nicht sagt: »Okay, vertreibt
euch irgendwie die Zeit und wartet einfach. Irgendwann hole ich
euch ab, damit ihr bei mir seid.« Nein, seine letzten Worte sind ein
großer Auftrag. Die Jünger sollen nicht nur einfach glücklich sein,
dass sie die tolle Gelegenheit hatten, Jesus kennenzulernen. Sie sollen diese atemberaubende, wunderbare Botschaft in die ganze Welt
tragen und vielen davon erzählen. Gott möchte, dass seine Jünger an
seinem Reich bauen. Weißt du, was das Reich Gottes ist? Es umfasst
all das, was für immer bestehen wird – was einen Wert hat, der über
unser eigenes kleines Leben hinausgeht. Und an seinem Reich mit-
zubauen heißt, sich um Dinge zu kümmern, die bei Gott für immer
Bestand haben.

Wenn wir uns zum Beispiel in der Schulpause treffen, um für
unsere Klasse zu beten, dann bauen wir damit an seinem Reich. Und
die gute Nachricht ist: All das, was wir für Jesus machen, ist niemals
umsonst. Alles dient dazu, dass sein Reich immer größer wird. Meine

kleine Schwester hat einmal gesagt: »Hey, Nelli, unser Leben auf der Erde ist im Vergleich zum Leben im Himmel eigentlich so kurz. Da werden wir uns doch lange genug ausruhen dürfen. Daher können wir doch ruhig auf der Erde fleißig sein.« Den Gedanken finde ich interessant. Natürlich sollen wir uns jetzt nicht über unsere Kräfte auspowern. Das ist gar nicht damit gemeint. Aber wir sollen uns darüber im Klaren sein, dass wir eine Aufgabe haben.

Puh, es ist eine ganz schön große Aufgabe. Sie ist viel zu groß für dich und für mich. Aber stell dir vor, in jedem Land und in ganz vielen Städten würden Menschen, die Jesus richtig doll lieb haben, anfangen, von ihm zu erzählen und gute Dinge zu tun. Stell dir vor, überall bekennen sich Mädchen zu Jesus. Stell dir vor, überall gehen Mädchen zu den Außenseitern ihrer Klasse, um mit ihnen zu reden. Stell dir vor, überall treffen sich Mädchen, um gemeinsam für ihre Klasse und ihre Lehrer zu beten. Stell dir vor, überall reden Mädchen mit ihren Klassenkameraden über Jesus. Stell dir das einmal vor! Wie würde sich unsere Welt verändern? Das Schöne ist: Wir müssen nicht warten, bis wirklich überall Mädchen anfangen, diese Dinge zu tun. Wir dürfen selbst loslegen und anfangen, unsere kleine Welt, in der wir leben, zu verändern. Aus Liebe zu Jesus.

Vielleicht hast du jetzt ein paar Vorbehalte. Du hast vielleicht Angst, dass du dadurch Freunde verlieren wirst. Vielleicht hast du Angst, dass du plötzlich voll der Außenseiter wirst. Musst du aber nicht! Das Coole ist: Jesus verspricht dir, immer bei dir zu sein.

Kennst du die Aktion »Wahre Liebe wartet«?* Viele Jugendliche haben sich dem Aufruf angeschlossen, um damit zum Ausdruck zu bringen, dass sie mit Sex bis zur Ehe warten wollen. Ich fand diese Sache richtig gut und so habe ich in der 10. Klasse in Religion diese Initiative vorgestellt. Außerdem habe ich vor der ganzen Klasse erzählt, warum es wichtig ist, rein in die Ehe zu gehen. Das war nicht leicht für mich, weil natürlich viele meiner Klassenkameraden diese

---

* www.wahreliebewartet.de

Einstellung total veraltet und verstaubt fanden. Bestimmt haben sich viele innerlich darüber lustig gemacht. Aber weißt du was? Ich war anschließend richtig, richtig glücklich. Ich hatte etwas getan, was mir nicht so leicht fiel. Ich habe es für Jesus getan, weil ich ihn liebe. Das Gefühl ist richtig gut. Ich mag es, etwas Verrücktes zu machen, wenn es für Jesus ist. Denn genau das zeigt ihm doch, dass er mir voll wichtig ist und dass ich ihn voll liebe.

MITTEN INS LEBEN

»Mädchen, wenn du Jesus liebst, dann steh jetzt auf, beweg dich«, singt Mischa Marin. Bist du bereit, aufzustehen, dich für Jesus zu bewegen? Oder denkst du, die anderen sollen das machen, die können das eh besser als du? Was tust du zurzeit, um an Gottes Reich zu bauen? Deiner Freundin von Jesus erzählen? Für deine Eltern beten? In deiner Gemeinde mithelfen?
Überlege dir heute mal, was du in der nächsten Woche für Jesus tun kannst – wie du etwas bauen kannst, das bei ihm ewig Bestand hat. Schreibe es dir am besten auf. Und dann rede mit ihm darüber. Und dann: Fang damit an!

~

Genauso nämlich, wie der Körper ohne den Geist ein toter Körper ist, ist auch der Glaube ohne Taten ein toter Glaube.
JAKOBUS 2,26; NGÜ

Sammelt euch vielmehr Schätze im Himmel, die unvergänglich sind und die kein Dieb mitnehmen kann.
MATTHÄUS 6,20; HFA

Gott hat einen Traum

NELLI LÖWEN

Mein liebes Kind,

lächle doch mal für mich. Wie schön du aussiehst, wenn du lächelst! Weißt du eigentlich, dass du mir total viel bedeutest? Ich habe schon lange vor deiner Geburt angefangen mir zu überlegen, wie du einmal aussehen und welche Eigenschaften du haben würdest. Gefällt dir, was ich gemacht habe? Ich hoffe es sehr. Du sollst wissen, dass ich mir bei allem etwas gedacht habe. Ich habe dich so geschaffen, wie du bist, weil deine Einzigartigkeit die Welt bereichern soll. Deine Zukunft liegt noch vor dir. Und ich habe mit dir noch so viel vor. Es wird spannend werden. Ich hoffe, du hast Lust darauf, mit mir gemeinsam ins Leben zu starten?

Wie kostbar sind für mich deine Gedanken, o Gott,
es sind unbegreiflich viele!

PSALM 139,17; NGÜ

»Wenn ich mal groß bin, dann werde ich Sängerin«, sagt Charlotta und strahlt über das ganze Gesicht. »Wenn ich mal groß bin, dann möchte ich gerne Bäckerin werden, weil Kuchen sooo lecker ist«, sagt Loreen und grinst verschmitzt.

Hast du als Kind auch überlegt, was du einmal machen wirst, wenn du groß bist? Und welchen Berufswunsch hast du heute? Hast du dir auch schon Gedanken über deine zukünftige Familie gemacht – wie viele Kinder du haben möchtest, wie dein Traummann aussehen soll, wo du einmal wohnen wirst?

Träumen ist toll. Es ist so leicht. Alles, was man sich wünscht, kann man sich einfach erträumen … – Hast du eigentlich schon mal drüber nachgedacht, dass Gott auch von dir träumt? Dass er richtig viel Freude hat, wenn er über dich nachdenkt, wenn er dich sieht? Als du noch gar nicht da warst, hatte er bereits ein Bild von dir vor Augen. Er hat sich lange überlegt, welche Haarfarbe gut zu dir passen würde, ob du lustige kleine Locken haben sollst oder eher fransige, glatte Haare. Natürlich ist auch deine Augenfarbe kein Zufall. Auch über deinen Charakter hat er sehr lange nachgedacht. Ja, er hat viel Mühe und Kreativität in das Projekt »_____« (hier kannst du deinen Namen reinschreiben) reingesteckt. Dein Aussehen, deine Wesenszüge, deine Fähigkeiten hat er liebevoll geplant. Und dann, als du im Bauch deiner Mutter unterwegs warst, hat Gott angefangen zu träumen: *Oh, wie schön wird es sein, wenn du endlich geboren wirst! Wenn ich dich endlich lachen hören kann!*

Du warst Gottes Traum. Du warst sein Wunschkind.

Tja, und jetzt bist du da. Du lebst. Du lachst. Weil er dich haben wollte. Er wünscht sich nichts auf der Welt mehr, als dass du dir viel Zeit für ihn nimmst. Denn er möchte dir so viel erzählen: von seinem Traum – für dein Leben. Sein Traum geht nämlich weiter! Gott träumt von deiner Zukunft – und er hat noch viel mit dir vor.

Allerdings ist es nicht ganz sicher, ob dieser Traum Wirklichkeit werden wird. Du denkst jetzt bestimmt: *Wo ist denn jetzt der Haken an der Sache?* Ganz einfach. Der Haken bist du. An dir liegt es jetzt, ob Gott seinen Traum mit dir verwirklichen kann. Du musst es auch wollen. Er könnte natürlich, ohne dich zu fragen, mit deinem Leben das machen, was er will. Aber Gott ist nicht so. Das würde er niemals tun. Ihm ist es wichtig, dass du frei bist und du selbst entscheiden kannst, ob du es möchtest oder nicht. Die Sache liegt an dir. Entweder du entscheidest ganz für dich allein, was du einmal werden wirst, wen du heiraten und wie du leben willst – oder du sagst: »Jesus, ich möchte deinen Traum für mein Leben erleben.«

Bist du gespannt zu erfahren, wie dein Lebenstraum für dich aussieht? Natürlich wirst du keinen Brief aus dem Himmel geschickt bekommen, in dem alles drinsteht. Aber wenn du Gottes Traum für dein Leben folgen willst, begibst du dich auf eine abenteuerliche Reise. Indem du mit Gott darüber sprichst und mit ihm gemeinsam träumst, wirst du immer ein wenig mehr wissen, was er sich von dir wünscht und was er mit dir vorhat. Er wird es dir Stück für Stück zeigen. Bei mir hat er das auch so gemacht. Wenn ich mit ihm rede und ihm Fragen stelle, dann dauert es manchmal seine Zeit, aber irgendwann antwortet er mir, indem er mir einen Gedanken schenkt oder mich auf tolle Weise führt. Ich frage Gott immer wieder: »Was ist dein Traum von meinem Leben? Wie wünschst du dir mein Leben? Bitte zeige mir das. Ich möchte deinen Traum von meinem Leben erleben.« Ich kann dir sagen, dass es so schön ist, mit Gott auf dieser Abenteuerreise unterwegs zu sein. Manchmal führt er mich so, wie ich es mir niemals vorgestellt hätte – und ich merke: Wow, dieser Weg gefällt mir total gut! Wenn ich ehrlich bin, führt er mich manchmal auch so, wie es mir gar nicht gefällt. Aber gerade dann ist er ganz nah bei mir und macht mir damit deutlich, dass er mitfühlt und mich durch die schwierige Zeit trägt. Ich bereue meine Entscheidung aber niemals – die Entscheidung, Gottes Traum für mein Leben zu leben.

MITTEN INS LEBEN

Manchmal müssen wir Entscheidungen treffen, die große Auswirkungen auf unser Leben haben. Und eine dieser Entscheidungen ist die Frage: Erlaubst du Gott, seinen Traum in deinem Leben zu verwirklichen? Nimm dir doch jetzt mal ein paar Minuten Zeit, um über diese Frage nachzudenken. Sag ihm, wovor du Angst hast, wenn du ihm erlaubst, dein Leben zu gestalten. Und erzähl ihm, was du dir von deinem Leben wünschst. Und dann lass dich überraschen!

Wenn du magst, lies dir doch mal in 1. Mose, Kapitel 37,1 bis 50,20, die Geschichte von Josef durch. Erkennst du darin Gottes Traum für das Leben von Josef?

~

Verlass dich nicht auf deinen Verstand, sondern setze dein Vertrauen ungeteilt auf den Herrn! Denk an ihn bei allem, was du tust; er wird dir den richtigen Weg zeigen.

SPRÜCHE 3,5+6; GN

Und du sprichst zu mir: »Ich will dich lehren und dir sagen, wie du leben sollst; ich berate dich, nie verliere ich dich aus den Augen.«

PSALM 32,8; HFA

lily white

Wie eine Lilie unter Dornen …
(Hohelied 2,2)

lily white hat es sich zur Aufgabe gemacht, Mädchen und junge Frauen in ihrer Beziehung zu Jesus zu ermutigen und sie auf ihrer Abenteuerreise mit Gott zu begleiten.

www.lily-white.de

Auf unserer Webseite findest du nicht nur weitere Andachten und Artikel zu unterschiedlichen Themen, sondern du kannst auch erfahren, was *lily white* außerdem noch anbietet.

Wenn du mit jemandem über den Inhalt dieses Buches sprechen möchtest, wenn du deine Erfahrungen mit Gott teilen willst oder wenn du jemanden suchst, der für dich betet, dann schreibe an

info@lily-white.de.

Blühe für Jesus, liebe Lilie!

Dein *lily white*-Team

Verlagsgruppe Random House FSC® N001967
Das für dieses Buch verwendete FSC®-zertifizierte Papier
Enso classic liefert Stora Enso, Finnland.

© 2014 by Gerth Medien GmbH, Asslar,
in der Verlagsgruppe Random House GmbH, München

Die Bibelverse in diesem Buch wurden folgenden Übersetzungen entnommen:
Hoffnung für alle – Die Bibel, durchgesehene Ausgabe in neuer
Rechtschreibung, © 1986, 1996, 2002 by International Bible Society, USA.
Übersetzt und herausgegeben durch: Brunnen Verlag Basel, Schweiz (Hfa).
Gute Nachricht Bibel, © revidierte Fassung, durchgesehene Ausgabe in neuer
Rechtschreibung. © 2000 Deutsche Bibelgesellschaft, Stuttgart (GN).
Lutherbibel, revidierter Text 1984, durchgesehene Ausgabe in neuer Rechtschreibung.
© 1999 Deutsche Bibelgesellschaft Stuttgart (LU).
Neues Leben. Die Bibel, © 2002 und 2006 SCM R. Brockhaus im
SCM-Verlag GmbH & Co. KG, Witten (NL).
Neue Genfer Übersetzung – Neues Testament und Psalmen,
© 2011 Genfer Bibelgesellschaft (NGÜ).
Elberfelder Bibel © 1985, 1992 R. Brockhaus-Verlag, Wuppertal (ELB).

1. Auflage 2014
Bestell-Nr. 816470
ISBN 978-3-86591-470-5

Umschlaggestaltung: Hanni Plato
Umschlagfoto: Shutterstock
Satz: Vornehm Mediengestaltung GmbH, München
Druck und Verarbeitung: GGP Media GmbH, Pößneck
Printed in Germany